DAS FODMAP-KONZEPT

Carine Buhmann
Caroline Kiss

Das
FODMAP-Konzept

Leichte Küche bei Reizdarm

Ein praktischer Ratgeber mit 170 Rezepten

Fotografiert von Claudia Albisser Hund

at VERLAG

Wichtiger Hinweis

INHALT

BEGLEITWORT

In unserem zunehmend schnelllebigen und stressigen Alltag ist es schwierig, ausreichend Zeit für einen gesunden Lebensstil zu finden. Dazu gehört auch eine ausgewogene Ernährung, selbst zu kochen und die Mahlzeiten mit Muße einzunehmen.

Immer mehr Menschen leiden an Verdauungsproblemen und Nahrungsmittelunverträglichkeiten, bei einigen wird als Ursache dafür ein Reizdarm-Syndrom diagnostiziert. Die Ernährung ist ein möglicher Faktor, der zu Reizdarm-Beschwerden führen kann. Bei der Symptomentstehung spielen bestimmte Zuckerarten, die sogenannten FODMAPs, eine wesentliche Rolle.

Bisher wurde den von Reizdarm Betroffenen oft geraten, einfach das zu essen, was sie vertragen. Das ist für die Betroffenen aber wenig hilfreich und birgt das Risiko, dass sie immer mehr Lebensmittel weglassen. Mit einer konkreten Strategie und darmverträglichen Rezepten kann der oder die Betroffene selbst aktiv werden.

Endlich liegt nun ein Buch vor, das nicht nur wissenschaftlich fundierte Grundlagen zum Verständnis, sondern auch praktische Hinweise und Rezepte zur Umsetzung bietet. Die Autorinnen haben es verstanden, das komplexe Thema in verständlicher Art umzusetzen. Die im Buch beschriebenen Grundlagen sind hilfreiche Voraussetzungen für das Verständnis des FODMAP-Konzepts. Und die wunderschönen Bilder zu den Rezeptvorschlägen machen den Darmgeplagten wieder Appetit und motivieren zum Ausprobieren. Trotzdem empfehle ich eine Beratung und Begleitung durch eine Ernährungsberaterin, die auf die spezifische und individuelle Situation der Reizdarm-Patienten eingehen kann.

Dank seiner Praxisrelevanz wird dieses Buch sicher ein unverzichtbarer Begleiter für Reizdarm-Betroffene, Angehörige, aber auch betreuende Ernährungsfachpersonen bzw. Ärzte werden.

Dr. med. Nora Brunner-Schaub,
Fachärztin für Gastroenterologie und Innere Medizin

VORWORT

Liebe Leserinnen, liebe Leser

Leiden Sie an Reizdarm-Syndrom, oder ist jemand aus Ihrer Familie oder in Ihrem Freundes- und Bekanntenkreis davon betroffen? Kaum jemand gibt offen zu, dass er regelmäßig mit Bauchschmerzen, Durchfällen oder Blähungen zu kämpfen hat. Häufig ziehen sich Betroffene zurück, verzichten auf Restaurantbesuche und Auswärtsessen und versuchen, mit ihren Beschwerden irgendwie zurechtzukommen und sich mit ihrem Leiden abzufinden.

Nun gibt es für alle Reizdarm-Betroffenen eine neue, wissenschaftlich fundierte Strategie für die Ernährungstherapie, das sogenannte FODMAP-Konzept, das helfen kann, die Beschwerden zu lindern. Das Konzept ist in der Praxis erfolgreich, in der Umsetzung im Alltag jedoch nicht ganz einfach; hier soll das vorliegende Buch bei der praktischen Umsetzung helfen.

Wir wollten ein Buch, das für die Betroffenen alltagstauglich und leicht verständlich ist. Kurz gesagt: Ein nützlicher Ratgeber mit unkomplizierten Rezepten. Unsere langjährigen Erfahrungen aus der Ernährungsberatung und Kochpraxis konnten wir hier optimal verbinden. Es war uns wichtig, die bei uns üblichen Essgewohnheiten und beliebte Rezepte aufzugreifen und FODMAP-tauglich anzupassen. Dazu wurden die meisten Rezepte als ganze Mahlzeit zusammengestellt und gleichzeitig die Empfehlungen für eine ausgewogene Ernährung mitberücksichtigt. Wir achteten darauf, keine zu ausgefallenen oder exotischen Zutaten zu verwenden und möglichst einfache, wenig zeitaufwendige Zubereitungsarten zu wählen.

Das Erstellen der Rezepte und das Testkochen waren nicht immer einfach. Täglich verwendete Zutaten wie Bouillon und Streuwürze mussten im Küchenschrank bleiben, Zwiebeln und Knoblauch kamen nicht wie gewohnt zum Einsatz. Auch die sonst so gesunden Gemüse und Früchte – von denen man bekanntlich nicht genug essen kann – galt es einzuschränken. Nicht nur die Menge, auch die geeignete Auswahl und Kombination mussten stimmen, damit die Menüs für Reizdarm-Betroffene verträglich sind. Unser Dank gilt hier besonders der Mitarbeit von Silvia Maissen, Ernährungsberaterin SVDE. Ihre Erfahrungen im Beratungsalltag mit Reizdarm-Betroffenen und ihr Wissen um die Schwierigkeiten in der Umsetzung waren uns sehr hilfreich. Danke auch für das kritische Gegenlesen des Theorieteils durch die Ernährungsberaterinnen Dominique Scherrer und Beatrice Schilling.

Dieser praktische Ratgeber soll zu mehr Verständnis für die Krankheit Reizdarm-Syndrom beitragen und möglichst vielen Betroffenen das Leben erleichtern. Wir hoffen aber auch, dass die Gastronomie zukünftig die besonderen Essbedürfnisse von Personen mit Nahrungsmittelunverträglichkeiten noch besser berücksichtigt, damit Betroffene wieder öfter unbeschwert auswärts essen gehen können.

Es ist uns persönlich wichtig, mit diesem Buch allen Betroffenen einen möglichen Weg aufzuzeigen, wie sie ihre Beschwerden reduzieren und so mehr Lebensqualität erreichen können. Und wir wollen gleichzeitig dazu ermuntern, wieder vermehrt auf sich selbst und das eigene Bauchgefühl zu hören.

Die Autorinnen
Carine Buhmann und Dr. clin. nutr. Caroline Kiss

EINLEITUNG

Wer hatte nicht schon Bauchschmerzen und Blähungen, Durchfall oder Verstopfung? Bei den meisten ist das nur ein kurzfristiges Problem und geht rasch wieder vorüber. Aber für Reizdarm-Betroffene sind diese Beschwerden dauerhafte Begleiter und schränken ihre Lebensqualität ein. Der Verdauungstrakt und die Ernährung hängen untrennbar zusammen. Deshalb ist es naheliegend, die Beschwerden durch Veränderungen bei der Lebensmittelauswahl zu beeinflussen.

Laut Untersuchungen berichten mehr als sechzig Prozent der Reizdarm-Betroffenen, dass sie innerhalb von fünfzehn Minuten bis drei Stunden nach dem Essen Bauchbeschwerden bekommen. Als häufigste Auslöser gelten Milchprodukte, Weizen, Hülsenfrüchte, Koffein, Bier und Wein, bestimmte Fleischsorten, Kohl, Zwiebeln, scharfe Gewürze, fettreiche Speisen und Geräuchertes. Das Meiden verschiedener Nahrungsmittel gilt deshalb als beliebte Bewältigungsstrategie. Manche lassen so viele Nahrungsmittel weg, dass sie ungewollt Gewicht abnehmen oder einen Mangel an Vitaminen und Mineralstoffen riskieren.

Wissenschaftlich fundiertes Ernährungskonzept

Untersucht man die Ernährung von Personen mit Reizdarm-Syndrom und solchen ohne Verdauungsprobleme, findet man meist keine wesentlichen Unterschiede in den Essgewohnheiten. Lebensmittel oder deren Inhaltsstoffe sind nicht die Ursache des Reizdarm-Syndroms. Sie gelten jedoch als Trigger und können Beschwerden auslösen. Dass dies nachweislich der Fall ist, hat ein australisches Forschungsteam der Monash Universität aufgezeigt. Deren Forschung bietet erstmals eine wissenschaftliche Grundlage und eine Strategie, wie die Ernährungstherapie bei Reizdarm-Syndrom wirkt und helfen kann. Die Erkenntnisse sind im sogenannten FODMAP-Konzept zusammengefasst. **FODMAP** steht für »**F**ermentable

Oligosaccharides, **D**isaccharides, **M**onosaccharides **A**nd **P**olyols« (auf Deutsch Fermentierbare Oligosaccharide, Disaccharide, Monosaccharide und Polyole). Dies sind rasch vergärbare und wasserziehende Zuckerarten, die durch Gas- und Wasseransammlung im Darm zu Dehnungen führen und somit die Beschwerden auslösen.

Vorgehen in drei Phasen

In der Eliminationsphase des FODMAP-Konzepts reduziert man die Menge dieser Zuckerarten stark, was meist zu einer deutlichen Linderung der Beschwerden führt. Anschließend führt man die einzelnen FODMAPs wieder schrittweise ein, um die individuelle Toleranz auszutesten. Denn, dies sei hier schon zu Beginn erwähnt: FODMAPs sind nicht grundsätzlich schlecht oder ungesund. Im Gegenteil, sie haben gesundheitsfördernde Wirkungen und sollen deshalb auch nicht vollständig weggelassen werden. Eine dauerhaft FODMAP-arme Ernährung ist nicht das Ziel, da sie die Lebensmittelvielfalt stark einschränkt und negative Auswirkungen auf die Gesundheit haben kann. Mit einer der individuellen Toleranz angepassten, FODMAP-reduzierten Ernährung können Betroffene aber ihre Beschwerden vermindern. Ist die Mahlzeitenzusammenstellung ausgewogen, lässt sie sich auch längerfristig anwenden.

Begleitung und professionelle Unterstützung

In den ersten Kapiteln des Theorieteils geht es darum, die normalen Abläufe der Verdauung kennenzulernen und mehr über das Reizdarm-Syndrom zu erfahren. Verstehen, was die Beschwerden verursacht, hilft oft bereits, besser damit umzugehen. Auch Angehörige, die genau gleich essen und keinerlei Beschwerden haben, können Betroffene so besser verstehen.

Im zweiten Teil lernen Sie im Detail, was FODMAPs überhaupt sind, wo sie vorkommen und wie das FODMAP-Konzept aufgebaut ist. Für die praktische Umsetzung empfiehlt es sich, professionelle Begleitung durch eine gesetzlich anerkannte Ernährungsfachperson in Anspruch zu nehmen. Da sich die Berufsbezeichnungen in der Schweiz, in Deutschland und Österreich unterscheiden – von Ernährungsberaterin SVDE, Diätassistentin bis Diätologin –, wird in diesem Buch allgemein von Ernährungsfachperson gesprochen (siehe auch Adressen im Anhang). Ihr Arzt oder Ihre Magen-Darm-Spezialistin kann Sie an eine entsprechende Expertin überweisen.

Alltagsrezepte für leichten Einstieg

Schließlich bietet Ihnen der umfangreiche Rezeptteil FODMAP-arme Menüs für die Eliminationsphase und weitere FODMAP-reduzierte Menüs für die Langzeiternährung. Die Rezepte sind alltagstauglich, benötigen keine ungewöhnlichen Zutaten und setzen keine besondere Kocherfahrung voraus.

Der Begriff »leicht« im Buchtitel ist deshalb ganz bewusst gewählt – »leicht« im dreifachen Sinn: leicht gekocht, leicht verdaut und damit ein leichteres Leben!

Für wen eignet sich das FODMAP-Konzept?

Wenn Sie die allgemeinen Empfehlungen zur Ernährung und zum Lebensstil bei Verdauungsbeschwerden beherzigen und den Eindruck haben, dass die Ernährung einen Einfluss auf Ihre Beschwerden hat, beantworten Sie bitte folgende Fragen:

☐ Haben Sie seit mehreren Monaten oder gar Jahren Blähungen, Bauchschmerzen, Durchfall oder Verstopfung und Durchfall im Wechsel?

☐ Waren Sie beim Arzt, und hat er ein Reizdarm-Syndrom festgestellt?

☐ Wurde Zöliakie (Unverträglichkeit von Gluten) mittels einer Blutuntersuchung und/oder Gewebeuntersuchung des Dünndarms ausgeschlossen?

☐ Hat Ihnen der Arzt oder die Ernährungsfachperson das FODMAP-Konzept vorgeschlagen?

☐ Können Sie den erforderlichen Mehraufwand für Einkauf und Kochen einplanen?

☐ Sind Sie bereit, während einer beschränkten Zeitdauer auf gewisse Nahrungsmittel zu verzichten?

Wenn Sie diese Fragen mit Ja beantworten können, wird Ihnen das FODMAP-Konzept sehr wahrscheinlich helfen. Mehrere Studien und unsere eigenen Erfahrungen zeigen, dass dieses Konzept die Beschwerden bei drei Viertel der Betroffenen vermindert. Diese guten Resultate können dann erreicht werden, wenn die betroffenen Personen sich von einer erfahrenen Ernährungsfachperson beraten und begleiten lassen.

Allgemeine Empfehlungen zur Ernährung und zum Lebensstil bei Verdauungsbeschwerden

- Gestalten Sie Ihre Freizeit aktiv und planen Sie genügend Entspannung ein.
- Pflegen Sie einen aktiven Lebensstil: Mindestens 30 Minuten Bewegung oder Sport mit mittlerer Intensität an fünf Tagen pro Woche.
- Überprüfen Sie Ihre Essgewohnheiten anhand der Lebensmittelpyramide und speziell im Hinblick auf:
  - Regelmäßige Hauptmahlzeiten einnehmen und sich Zeit zum Essen nehmen: keine Mahlzeiten auslassen, aber auch nicht ständig zwischendurch etwas essen.
  - 1 bis 2 Liter trinken, hauptsächlich Wasser. Schwarztee und Kaffee auf 3 Tassen pro Tag beschränken, Alkohol und kohlensäurehaltige Getränke in Maßen.
  - Möglichst oft selbst mit frischen Lebensmitteln kochen. Verarbeitete Produkte und Fast Food meiden.
  - Täglich nicht mehr als 3 Portionen Früchte essen, keine Fruchtsäfte trinken.
  - Meiden von zahnschonenden Bonbons und Kaugummis.
- Für Raucher: Werden Sie Nichtraucher. Rauchen reizt die Magenschleimhaut, verstärkt die Darmtätigkeit und verändert die Zusammensetzung der Bakterien im Darm.

Ausgewogene Ernährung anhand der Lebensmittelpyramide

Die Lebensmittelpyramide zeigt auf einen Blick einfach und verständlich die Empfehlungen für eine ausreichende Nährstoffaufnahme für gesunde Erwachsene. Von den Lebensmitteln im unteren Teil der Pyramide benötigen wir größere Mengen, von denen im oberen Teil dagegen nur kleinere. Grundsätzlich ist nichts verboten. Von Bedeutung sind die Kombination und die Menge. Essen und Trinken bedeutet aber auch Genuss und Lebensfreude und verbindet uns mit anderen Menschen.

© Schweizerische Gesellschaft für Ernährung SGE, Bundesamt für Lebensmittelsicherheit und Veterinärwesen BLV / 2011

Wissen, was essen. sge-ssn.ch

Süßes, Salziges und Alkoholisches
In kleinen Mengen.

Öle, Fette, Nüsse
Öl und Nüsse täglich in kleinen Mengen. Butter/Margarine sparsam.

Milchprodukte, Fleisch, Fisch, Eier, Tofu
Täglich 3 Portionen Milchprodukte und 1 Portion Fleisch, Fisch, Eier, Tofu.

Getreideprodukte, Kartoffeln, Hülsenfrüchte
Täglich 3 Portionen, bei Getreideprodukten Vollkorn bevorzugen.

Gemüse & Früchte
Täglich 5 Portionen in verschiedenen Farben.

Getränke
Täglich 1–2 Liter ungesüßte Getränke.
Wasser bevorzugen.

DAS REIZDARM-SYNDROM

Das Krankheitsbild

Das Reizdarm-Syndrom gehört zur Gruppe der sogenannten funktionellen Darmerkrankungen. »Funktionell« bedeutet, dass keine organische Ursache vorliegt, übliche Untersuchungsmethoden also keine Veränderungen der Organe oder auffällige Laborbefunde zeigen. Als »Syndrom« bezeichnet man eine Gruppe von Symptomen, die für eine bestimmte Krankheit typisch sind. Charakteristisch sind Bauchschmerzen, die nach der Stuhlentleerung häufig nachlassen, Blähungen und eine Veränderung der Stuhlhäufigkeit oder -konsistenz.

Beschwerden

Betroffene klagen über Bauchschmerzen, Bauchkrämpfe und Unwohlsein. Sie fühlen sich gebläht, aufgedunsen oder haben übermäßigen Windabgang. Die einen leiden eher unter Stuhldrang sowie Durchfall und müssen oft kurz nach einer Mahlzeit rasch eine Toilette aufsuchen. Die anderen leiden eher unter Verstopfung und haben das Gefühl, den Darm nicht vollständig entleeren zu können. Bei einer dritten Gruppe wechseln sich Durchfall und Verstopfung in unregelmäßigen Abständen ab. Die Beschwerden treten vor allem nach dem Essen auf, und viele Betroffene leiden in Stress- oder psychischen Belastungssituationen vermehrt unter ihren Darmbeschwerden. Manche leiden auch unter Müdigkeit, Abgeschlagenheit, Angstzuständen oder depressiver Verstimmung.

Ursachen

Die Ursachen des Reizdarm-Syndroms sind noch nicht vollständig geklärt, aber es hat entscheidende Fortschritte zum Verständnis der Krankheit gegeben. Man geht heute davon aus, dass mehrere Faktoren eine Rolle spielen: Veranlagung, Umweltfaktoren, das Zusammenspiel des Nervensystems (»Bauchhirn« Seite 15), Koordination der Darmmuskeln, Darminfekte, Mikrobiota (Seite 18) und die Ernährung.

Die Forschung der letzten Jahre hat gezeigt, dass Personen mit Reizdarm-Syndrom eine erhöhte Empfindlichkeit für Signale aus dem Darm haben. So reagieren sie beispielsweise rascher mit Unwohlsein und Schmerz auf normale Dehnungsreize nach einer Mahlzeit oder auf Gase im Darm. Die Darmmuskelaktivität kann verstärkt oder verlangsamt sein, was zu Durchfall oder Verstopfung führt.

Diagnose

Sofern die typischen Symptome über mehrere Monate auftreten und andere Ursachen für die Beschwerden ausgeschlossen worden sind, stellt der Arzt die Diagnose Reizdarm-Syndrom. Viele andere Krankheiten können ähnliche Symptome verursachen, wie beispielsweise Dickdarm-Divertikel, chronisch entzündliche Darmerkrankungen, Zöliakie, Krebserkrankungen oder gynäkologische Krankheiten. Deshalb ist eine gründliche medizinische Abklärung unerlässlich.

Häufigkeit

Das Reizdarm-Syndrom ist eine der häufigsten Erkrankungen des Magen-Darm-Traktes. Etwa einer von sieben Erwachsenen leidet an einem Reizdarm-Syndrom. Frauen sind deutlich häufiger davon betroffen als Männer. Die Häufigkeit dieser Erkrankung hat in den letzten Jahren nicht zugenommen, aber immer mehr Betroffene sprechen über ihre Probleme und suchen einen Arzt auf.

Krankheitsverlauf

Das Reizdarm-Syndrom ist eine gutartige Erkrankung. Obwohl sie für den Betroffenen sehr störend ist und die Lebensqualität einschränkt, führt sie nicht zu Spätschäden oder Krebskrankheit und reduziert auch die Lebenserwartung nicht. Die Beschwerden können ein Leben lang auftreten, sie können aber auch zu- oder abnehmen oder für längere Zeit abklingen. Tendenziell nehmen die Beschwerden im Verlauf eher ab.

Therapie

Eine Heilung des Reizdarm-Syndroms gibt es noch nicht. Ziel der Therapie ist es, die Bauchbeschwerden zu lindern. Weil es sich um ein multifaktorielles Geschehen handelt, existieren auch mehrere Behandlungsansätze. Dazu zählen neben den allgemeinen Empfehlungen zur Ernährung und zum Lebensstil Medikamente gegen Krämpfe, Durchfall oder Verstopfung, Probiotika, komplementär-medizinische Therapien und Ernährungstherapie. In einigen Fällen können auch Antidepressiva und/oder Psychotherapie hilfreich sein. Weil das Krankheitsbild komplex und jeder Mensch anders ist, gibt es keine allgemeingültigen und raschen Lösungen. Die Therapie braucht Zeit und Geduld.

Sie selbst haben eine wichtige Rolle im Selbstmanagement. Dies beinhaltet, dass Sie gut über das Krankheitsbild informiert sind und die verschiedenen Behandlungsmöglichkeiten kennen. Sprechen Sie mit Ihrem Hausarzt oder Magen-Darm-Spezialisten und tragen Sie mit einem gesunden Lebensstil Ihren Teil bei.

Lebensmittelunverträglichkeit oder Reizdarm-Syndrom?

Unverträglichkeiten auf Milchzucker (Laktose), Fruchtzucker (Fruktose) oder glutenhaltiges Getreide können sich mit den gleichen oder ähnlichen Beschwerden wie beim Reizdarm-Syndrom zeigen. Im FODMAP-Konzept werden u. a. Laktose, Fruktose, Polyole und

Häufige Lebensmittelunverträglichkeiten

	Laktose-Intoleranz	Fruktose-Malabsorption	Zöliakie	Nicht-Zöliakie-Weizensensitivität
Andere Bezeichnung	Milchzucker-Unverträglichkeit	Fruchtzucker-Verwertungsstörung	Gluten-Unverträglichkeit	Weizen-Unverträglichkeit
Häufigkeit	sehr häufig	häufig	1 von 100	unklar
Ursache	Verminderte Produktion des Verdauungsenzyms Laktase nach Beendigung des Kindesalters	Verminderte Funktion des Transportsystems	Entzündungsreaktion im Dünndarm auf Gluten	Unklar, welche Weizenbestandteile die Beschwerden verursachen (Gluten, Amylase-Trypsin-Inhibitoren oder andere Bestandteile)
Diagnostik	Test mit 50 g Laktose (= 1 l Milch)	Test mit 25 g Fruktose (= 0,5 l Apfelsaft)	Bluttest und Magen-Darm-Spiegelung zur Gewebeentnahme	Ausschluss von Zöliakie und Weizenallergie
Therapie	Laktosearme Ernährung	Fruktosereduzierte und polyolarme Ernährung	Strikt glutenfreie Ernährung	Unklar; glutenfreie Ernährung und erneute Austestung
Medikamente	Laktase-Präparate	Keine	Keine	Keine

Weizen (Fruktane) stark reduziert. Da diese Ernährungsform glutenarm ist, ist es wichtig, dass eine Zöliakie ausgeschlossen wird, bevor Sie mit dem FODMAP-Konzept beginnen. Sonst ist es schwierig, danach eine Zöliakie zu diagnostizieren. Falls eine Zöliakie vorliegt, ist eine lebensbegleitende, strikt glutenfreie Ernährung nötig. Bei einer Laktose-Intoleranz oder Fruktose-Malabsorption ist es hingegen meist ausreichend, größere Mengen Fruktose oder Laktose zu meiden. Für das FODMAP-Konzept ist es nicht erforderlich, Tests für Laktose-Intoleranz oder Fruktose-Malabsorption durchzuführen.

Reizdarm-Syndrom ...

... geht mit Schmerzen, Blähungen sowie Durchfall und/oder Verstopfung einher.

... führt zu Beschwerden, ohne dass eine organische Ursache dafür gefunden wird.

... ist nicht gefährlich, hat aber einen großen Einfluss auf die Lebensqualität.

... ist eine Diagnose, welche die Ärztin oder der Arzt nach entsprechenden Untersuchungen stellt.

... ist eine Krankheit, die behandelt werden kann.

Das »Bauchhirn«

Der Verdauungstrakt wird von einem komplexen Nervengeflecht durchzogen. Man bezeichnet dieses auch als Bauchhirn oder Darmhirn. Das Bauchhirn hat eine direkte Verbindung zum Kopfhirn und somit auch zu unserem Schmerz- und Emotionszentrum. Das Zusammenspiel zwischen Bauch und Kopf schlägt sich auch nieder in Aussagen wie: »Ich habe Schmetterlinge im Bauch«, »Ich entscheide aus dem Bauch heraus«, »Mein Bauchgefühl sagt mir«, »Das schlägt mir auf den Magen«.

Das Bauchhirn arbeitet weitgehend autonom. Es analysiert die aufgenommene Nahrung auf deren Zusammensetzung und koordiniert die Darmbewegungen und Flüssigkeitsverschiebungen. Eine große Mahlzeit führt zu einer Dehnung des Magens und Darms und aktiviert sogenannte Dehnungsrezeptoren. Das Bauchhirn nimmt diese Reize auf und informiert das Kopfhirn über den vollen Bauch. Die meisten Menschen fühlen sich dann vorübergehend etwas unwohl. Beim Reizdarm-Syndrom ist die Empfindlichkeit größer, und es wird schneller Völlegefühl oder Schmerz signalisiert.

Ein wichtiger Botenstoff im Bauchhirn ist das Serotonin, das in der Darmschleimhaut produziert wird. Gut bekannt ist die Wirkung von Serotonin auch im Kopfhirn. Dort sorgt es für gute Stimmung, regelmäßigen Schlaf-Wach-Rhythmus sowie Appetitregulation. Man nennt es auch Wohlfühl- oder Glückshormon. Zu wenig Serotonin im Gehirn kann eine depressive Verstimmung begünstigen. Auch beim Reizdarm-Syndrom kann das Serotonin eine Rolle spielen. Der Darm produziert entweder zu viel oder zu wenig dieses Botenstoffs. Dies führt zu Fehlschaltungen, die sich auf die Darmaktivität und die Produktion von Verdauungssäften auswirken können. So lässt sich erklären, dass bestimmte Medikamente zur Behandlung von Depressionen auch auf den Verdauungstrakt wirken.

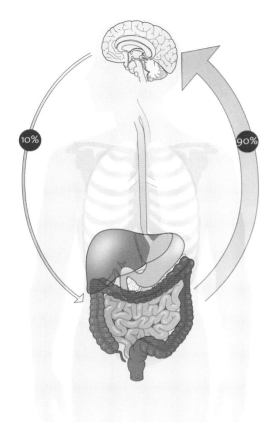

Zusammenspiel zwischen Bauchhirn und Kopfhirn.
90 Prozent der Informationen laufen vom Bauchhirn zum
Kopfhirn und nur 10 Prozent in umgekehrter Richtung.

Wussten Sie, dass das Bauchhirn …

… das Kommando übernimmt, sobald wir etwas geschluckt haben? Bei der Ausscheidung übernimmt das Kopfhirn wieder die Steuerung.

… das Kopfhirn sofort informiert, sobald etwas Verdorbenes in den Körper gelangt, was dann den Brechreiz auslöst.

… 100 bis 200 Millionen Nervenzellen enthält? Das sind mehr Zellen als im Rückenmark vorhanden sind!

… aus denselben Zelltypen und Botenstoffen wie das Großhirn besteht?

… ständig mit Zellen der Darmmuskulatur, Zellen der Blutgefäße und Immunzellen kommuniziert?

… alle Geschehnisse im Darm registriert und steuert und nicht das Kopfhirn? 90 Prozent der Verbindungen laufen vom Bauch zum Kopf.

… im Laufe eines Menschenlebens mehr als 30 Tonnen Nahrung und 50 000 Liter Flüssigkeit analysiert?

Umgekehrt erfolgt auch eine Kommunikation vom Kopf zum Bauch. Es bleibt dem Bauchhirn nicht verborgen, wenn wir Emotionen haben: Nervosität vor einer wichtigen Prüfung oder einer Rede kann die Darmtätigkeit anregen und zu Durchfall führen. Alle Informationen aus dem Darm werden im Gehirn in Regionen verarbeitet, die auch für Emotionen zuständig sind. Es ist somit gut verständlich, dass bei seelischen Problemen die Bauchbeschwerden vermehrt wahrgenommen werden und belastender sein können.

Im Darm führt also jeder Kontakt mit Lebensmitteln oder Dehnungsreizen zu Reaktionen und einer Fülle von Signalen vom Bauch zum Kopf. Die meisten von uns nehmen diese Geschehnisse zwischen Bauchhirn und Kopfhirn wenig wahr oder blenden sie aus – so wie wenn wir uns trotz Umgebungslärm auf unsere Arbeit konzentrieren können oder mit der Zeit das Rauschen des Baches nicht mehr hören. Aber auch dies gelingt nicht allen gleich gut. So reagieren Personen mit Reizdarm-Syndrom viel empfindlicher auf diese Reize oder »Informationsgeräusche«, die ganz natürlich im Verdauungstrakt entstehen.

Die Verdauung

Solange man sich gesund fühlt, macht man sich meist wenig Gedanken über Ernährung und Verdauungsabläufe. Wenn die Verdauung jedoch Probleme verursacht, ist es hilfreich, diese Vorgänge zu kennen, um sie besser zu verstehen.

Die eigentliche Aufgabe des Verdauungstraktes ist es, Nahrung zu zerkleinern und chemisch aufzuschließen, damit der Körper die Nährstoffe aufnehmen und die Abfallprodukte ausscheiden kann.

Die Verdauungsabläufe

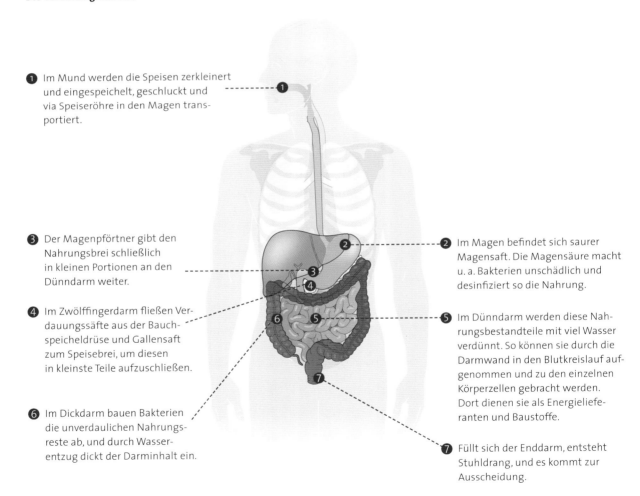

1 Im Mund werden die Speisen zerkleinert und eingespeichelt, geschluckt und via Speiseröhre in den Magen transportiert.

3 Der Magenpförtner gibt den Nahrungsbrei schließlich in kleinen Portionen an den Dünndarm weiter.

4 Im Zwölffingerdarm fließen Verdauungssäfte aus der Bauchspeicheldrüse und Gallensaft zum Speisebrei, um diesen in kleinste Teile aufzuschließen.

6 Im Dickdarm bauen Bakterien die unverdaulichen Nahrungsreste ab, und durch Wasserentzug dickt der Darminhalt ein.

2 Im Magen befindet sich saurer Magensaft. Die Magensäure macht u. a. Bakterien unschädlich und desinfiziert so die Nahrung.

5 Im Dünndarm werden diese Nahrungsbestandteile mit viel Wasser verdünnt. So können sie durch die Darmwand in den Blutkreislauf aufgenommen und zu den einzelnen Körperzellen gebracht werden. Dort dienen sie als Energielieferanten und Baustoffe.

7 Füllt sich der Enddarm, entsteht Stuhldrang, und es kommt zur Ausscheidung.

Die Mikrobiota

Mikrobiota ist der Sammelbegriff für die Mikroorganismen des Darmes. Dieses komplexe Ökosystem aus Darmbakterien beeinflusst unsere Gesundheit auf vielfältige Weise. Eine veränderte Zusammensetzung der Darm-Mikrobiota spielt möglicherweise bei der Entstehung des Reizdarm-Syndroms eine wichtige Rolle.

Der Mensch wird von etwa 100 Billionen Bakterien besiedelt, die meisten davon finden sich im Dickdarm. Von den über 1000 verschiedenen Bakterienarten leben etwa 160 im menschlichen Darm; sie sind etwa eineinhalb Kilogramm schwer. Sie überziehen die Darmschleimhaut wie ein dichter Rasen und leben normalerweise friedlich mit uns in Symbiose. Wir füttern sie und sie füttern uns: Die Bakterien ernähren sich von den unverdauten Nahrungsbestandteilen und bilden dabei Gase und kurzkettige Fettsäuren.

Letztere wiederum dienen den Darmzellen direkt als Nahrungs- bzw. Energiequelle. Außerdem produzieren sie aus den »Abfällen« lebensnotwendige Vitamine. Aber die Mikrobiota leistet noch viel mehr. Darmbakterien stellen »biologische« Waffen gegen schädliche Bakterien her, produzieren Botenstoffe für andere Teile des Körpers und unterstützen unser Immunsystem.

Bei einer Reihe von Erkrankungen – auch beim Reizdarm-Syndrom – hat man eine Veränderung der Darm-Mikrobiota festgestellt. Neben den Mikroorganismen, die wir bei der Geburt erhalten haben, beeinflussen Umweltfaktoren und die Ernährungsweise die Zusammensetzung. Aktuell sind die Faktoren, welche die Zusammensetzung der Mikrobiota bestimmen oder wie sie verändert werden kann, noch nicht im Detail bekannt.

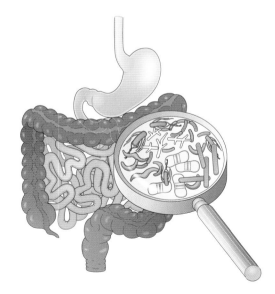

Die Darmbakterien sind mit bloßem Auge nicht zu erkennen. Sie sind winzig klein, haben aber einen entscheidenden Einfluß auf Gesundheit und Wohlbefinden.

Probiotika, Präbiotika und Nahrungsfasern

Probiotika sind möglicherweise hilfreich beim Reizdarm-Syndrom. Probiotika sind spezifische Bakterienstämme, welche die Magen-Darm-Passage unbeschadet überstehen. Es handelt sich hauptsächlich um spezifische Stämme der Milchsäurebakterien (Laktobazillen) oder Bifidusbakterien. Diese sind robuster als die gängigen Bifidus- oder Milchsäurebakterien-Stämme im Joghurt. Studien zeigen, dass Probiotika für den Dickdarm von gesundheitlichem Nutzen sind.

Einige Untersuchungen zeigen auch bei Reizdarm-Betroffenen eine positive Wirkung im Sinne einer Verbesserung der Beschwerden. Aber die Datenlage ist noch ungenügend für Empfehlungen. Unklar ist auch, welcher der verschiedenen Probiotika-Stämme bei Reizdarm-Syndrom am wirksamsten ist.

Mit Sicherheit kann man sagen, dass Probiotika keine nachteiligen gesundheitlichen Auswirkungen haben. Um zu beurteilen, ob sie etwas nützen, müssen sie über einen längeren Zeitraum von etwa sechs Wochen eingenommen werden. Wenn Ihnen dies hilft, spricht nichts dagegen, sie weiter einzunehmen. Sie wirken jedoch nur, solange man sie einnimmt, denn Probiotika können sich nicht gegenüber den angestammten und angesiedelten Bakterienstämmen behaupten. Probiotika sind in Form von probiotischen Drinks sowie als Pulver oder in Kapseln erhältlich.

Präbiotika führen zu vermehrten Beschwerden beim Reizdarm-Syndrom und sind nicht zu empfehlen. Bei den Präbiotika handelt es sich um natürliche, unverdauliche Nahrungsbestandteile wie Inulin und Oligofruktose. Das Besondere an Präbiotika ist, dass sie als Futter für bestimmte nützliche Bakterienstämme dienen. Präbiotika sind als Pulver erhältlich, in speziellen Müeslimischungen oder anderen Produkten enthalten.

Nahrungsfasern können die Beschwerden beim Reizdarm-Syndrom verstärken oder verbessern. Nahrungsfasern sind für den Menschen unverdauliche Nahrungsbestandteile. Trotzdem sind sie sehr wichtig: Einerseits für die Ernährung der Bakterien im Dickdarm und andererseits binden sie Wasser und sorgen so für einen weichen Stuhlgang. Mit unseren westlichen Essgewohnheiten ist der Nahrungsfaseranteil eher gering. Lange Zeit empfahl man Patienten mit Reizdarm-Syndrom isolierte Nahrungsfasern wie Weizenkleie. Dies kann im Einzelfall helfen, aber die meisten Betroffenen leiden dann noch mehr unter Blähungen. Als besser verträglich haben sich Hafer- und Reiskleie erwiesen. Am besten ist es jedoch, ausreichend Nahrungsfasern mit natürlichen Nahrungsmitteln zu sich zu nehmen. Diese sind vorwiegend in Vollkornprodukten, Nüssen, Gemüse und Früchten enthalten. Bei Reizdarm-Syndrom eignen sich beispielsweise Vollkornreis, Quinoa, Karotten, Spinat, Erdbeeren und Mandarinen.

Häufige Fragen und Antworten

Warum ist gutes Kauen so wichtig?

Wer schnell isst, der kaut die Nahrung zu wenig. Der Speichel enthält bereits erste Verdauungsenzyme. Deshalb hat das Sprichwort »Gut gekaut ist halb verdaut« durchaus seine Berechtigung. Wer Probleme mit der Verdauung hat, sollte diesen Rat daher beherzigen. Nehmen Sie sich Zeit zum Essen und Genießen. Auch der Geruch der Speisen regt die Verdauungssäfte an und unterstützt die Verdauung.

Wie lange dauert es von der Aufnahme einer Mahlzeit bis zur Ausscheidung?

Insgesamt durchschnittlich 24 Stunden. Die Verweildauer im Magen ist abhängig vom Volumen, der Konsistenz und der Zusammensetzung der Mahlzeit. Nach zwei bis sechs Stunden ist der Magen leer. Flüssiges passiert den Magen-Darm-Trakt schneller, Fettreiches bleibt länger im Magen und verzögert die Passage. Die Reise durch den vier bis fünf Meter langen Dünndarm dauert vier bis sechs Stunden. Im Dickdarm verlangsamt sich das Tempo. Für den letzten Meter braucht der Darminhalt mindestens 12 Stunden, bei manchen auch 24 bis 48 Stunden.

Warum muss ich kurz nach dem Essen sofort auf die Toilette?

Dies ist ein normaler Vorgang, den man gastrokolischen Reflex nennt. Die Nahrungsaufnahme löst im Dickdarm Muskelbewegungen aus, welche den Stuhlgang einleiten. Bei den meisten Menschen erfolgt dieser Vorgang am Morgen nach dem Frühstück und sorgt für einen geregelten Stuhlgang. Beim Reizdarm-Syndrom kann dieser Reflex übersteigert sein, das heißt, rascher ausgelöst werden oder auch nach allen Mahlzeiten auftreten.

Woher kommen die Darmgeräusche?

Sie entstehen durch den Transport der Darmflüssigkeit oder wenn sich Luftblasen durch den Darm bewegen. Gluckernde und blubbernde Darmgeräusche sind normal. Am meisten Geräusche entstehen im Darmabschnitt nach dem Zwölffingerdarm. Diesen nennt man bezeichnenderweise auch Knurrdarm.

Warum entstehen Blähungen?

Bei Blähungen handelt es sich um Luft oder Gas im Verdauungstrakt. Ein Teil kommt vom Luftschlucken beim Sprechen oder Essen. Der größte Teil davon wird aber wieder aufgestoßen. Beim Trinken kohlensäurehaltiger Getränke gelangt ebenfalls etwas Gas in den Darm. Kohlensäure entsteht auch infolge einer chemischen Reaktion, wenn Verdauungssäfte die Magensäure im Dünndarm neutralisieren. Der weitaus größte Anteil an Gas entsteht jedoch im Dickdarm. Die dort angesiedelten Bakterien fermentieren die unverdauten Nahrungsbestandteile. Das ist nichts anderes als ein Gärungsprozess, bei dem als Nebenprodukt Gas entsteht. Das Gleiche geschieht beispielsweise bei der Herstellung von Bier oder Brot. Im Dickdarm entstehen hauptsächlich Stickstoff, Wasserstoff, Kohlendioxid und bei manchen auch Methan. Ein Teil davon wird via Blut über die Lungen ausgeatmet, der Rest sucht sich den Weg über den After ins Freie.

Sind Blähungen normal?

Ja, jeder Mensch hat Blähungen und Windabgang. Das ist ein völlig normaler Vorgang. Magen und Dünndarm enthalten normalerweise weniger als 200 Milliliter Gas. Aber im Dickdarm wird durchschnittlich bis zu 600 Milliliter Gas gebildet. Um dies auszuscheiden, lassen wir täglich zehn bis vierzehn Mal Darmwinde entweichen. Bei Frauen kann dies seltener, bei Männern auch häufiger sein. Bei faserreicher oder FODMAP-reicher Ernährung entsteht mehr Gas, und auch die Zusammensetzung der Mikrobiota hat einen Einfluss auf die Gasmenge. Personen mit Reizdarm-Syndrom haben meist nicht mehr Blähungen als andere, aber der Gastransit im Verdauungstrakt läuft nicht so koordiniert ab, und sie reagieren empfindlicher auf die Dehnungen durch die Gase.

Woher kommt der üble Geruch beim Windabgang?

Der Geruch stammt von intensiv und unangenehm riechenden Molekülen. Unsere Nase nimmt diese bereits in winzigen Mengen wahr. Es handelt sich dabei hauptsächlich um Abbauprodukte von Aminosäuren oder Schwefel. Übler Geruch ist deshalb normal und meist kein Anzeichen für eine Krankheit. Der überwiegende Anteil an Darmgasen besteht jedoch aus Stickstoff, Wasserstoff, Kohlendioxid und Methan, welche geruchlos sind.

Wie häufig ist ein normaler Stuhlgang?

Als normal bezeichnet man einen beschwerdefreien Stuhlgang von dreimal täglich bis dreimal pro Woche. Die Stuhlgewohnheiten von Männern und Frauen sind nicht gleich. Männer haben häufiger Stuhlgang als Frauen. Die meisten Menschen gehen am Morgen, nachdem sie etwas gegessen oder getrunken haben auf die Toilette.

Woraus besteht der Stuhlgang, und wie sollte er aussehen?

Der Stuhlgang setzt sich zusammen aus unverdauten Nahrungsbestandteilen, Wasser, Bakterien und abgestorbenen Darmzellen. Die normale Stuhlmenge beträgt 150 bis 200 Gramm, sie ist dunkelbraun und geformt. Der Stuhlgang ist jedoch nicht jeden Tag genau gleich.

Warum soll man den Stuhldrang nicht unterdrücken?

Wer zu Verstopfung neigt, kann durch ständiges Unterdrücken des Stuhldrangs diese noch verstärken. Die Darmbakterien sind weiter tätig, der Darminhalt dickt noch mehr ein, da mehr Wasser entzogen wird. Dies kann die Beschwerden des Reizdarm-Syndroms verstärken. Insbesondere Personen, die unter Stress stehen und sich keine Zeit für das stille Örtchen nehmen oder »toilettenscheu« sind und öffentliche Toiletten meiden, leiden häufig unter Verstopfung. Nehmen Sie sich deshalb Zeit für den Stuhlgang. Suchen Sie immer eine Toilette auf, sobald Sie Stuhldrang verspüren.

DAS FODMAP-KONZEPT

Das FODMAP-Konzept basiert auf Erkenntnissen
- der chemischen Zusammensetzung von Lebensmitteln,
- der normalen Verdauungsvorgänge und
- der veränderten Reizempfindung bei Reizdarm-Betroffenen.

Schon lange ist bekannt, dass gewisse Nahrungsmittel Verdauungsbeschwerden beeinflussen können. In den letzten Jahren wurde diesbezüglich viel geforscht und ein Konzept für Reizdarm-Betroffene entwickelt. Im Wesentlichen geht es darum, Nahrungsbestandteile zu reduzieren, welche direkt oder indirekt einen Dehnungsreiz des Darms bewirken. Diese Nahrungsbestandteile werden FODMAPs genannt. Der Begriff FODMAPs hört sich im ersten Moment merkwürdig an und ist nicht mit »FOOD«, also Essen, zu verwechseln. Man fasst mit dem Begriff genau jene Nahrungsbestandteile zusammen, die Probleme verursachen. Die englische Abkürzung **FODMAP** steht für **F**ermentierbare **O**ligosaccharide, **D**isaccharide, **M**onosaccharide und (**A**nd) **P**olyole. Der Kernpunkt des FODMAP-Konzepts ist, dass man die Lebensmittel auf ihren Gehalt an FODMAPs bewertet und zwar bezogen auf die üblicherweise verzehrten oder empfohlenen Portionen. Sehr kleine Mengen oder Spuren müssen dabei nicht berücksichtigt werden.

Das FODMAP-Konzept besteht aus drei Phasen:
1. **Eliminationsphase**
   Dies ist eine FODMAP-arme Ernährung.
2. **Toleranzfindungsphase**
   Hier werden die einzelnen FODMAPs ausgetestet.
3. **Langzeiternährung**
   Dies ist eine FODMAP-reduzierte Ernährung, die sich nach der individuellen Toleranz richtet.

Das Konzept ist nicht isoliert auf die FODMAPs beschränkt, sondern beinhaltet eine ausgewogene Ernährung. Dies setzt eine bewusste Zusammensetzung der Mahlzeiten und einen regelmäßigen Mahlzeitenrhythmus voraus.

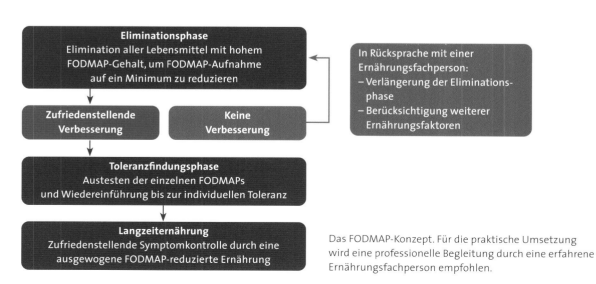

Das FODMAP-Konzept. Für die praktische Umsetzung wird eine professionelle Begleitung durch eine erfahrene Ernährungsfachperson empfohlen.

Die FODMAPs im Detail

FODMAPs sind unterschiedliche Zuckerarten, die man anhand ihrer chemischen Zusammensetzung einteilt, und zwar nach Anzahl ihrer Teilchen (Moleküle) und ihrer Kettenlänge. Fruktose ist z. B. ein einzelnes Zuckerteilchen (Einfachzucker). Laktose ist ein Zweifachzucker, weil er aus zwei Zuckerteilchen (Molekülen) besteht. Fruktane wiederum sind aus langen Ketten von Fruktoseteilchen und einem Glukoseteilchen zusammengesetzt (siehe Seite 23–25).

Diese Zuckerarten (FODMAPs) kommen in vielen verschiedenen Lebensmitteln vor und haben drei Eigenschaften gemeinsam:

- Sie werden im Dünndarm nur teilweise aufgenommen, weil es dafür keine Verdauungsenzyme gibt oder die Transportsysteme nicht ausreichen. In der Folge gelangen sie unverdaut oder teilweise unverdaut in den Dickdarm.
- Sie können sehr viel Wasser binden, sodass sich viel Flüssigkeit im Darm ansammelt. Dies beschleunigt die Darmpassage, verstärkt die Darmbewegungen und führt zu dünnerem Stuhlgang (Durchfall).
- Sie werden im Dickdarm von den Dickdarmbakterien rasch fermentiert (vergärt). Dabei entstehen Gase. Diese Gasbildung erhöht den Druck auf die Darmwand. Dies kann Bauchkrämpfe und Schmerzen auslösen.

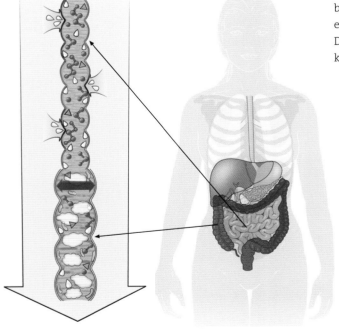

- • Einfachzucker
- ●–● Zweifachzucker
- Mehrfachzucker
- △ Polyole
- Darmbakterien
- ◊ Wasser
- ☁ Gas

Fruktose

Vorkommen

- Früchte und Trockenfrüchte
- Honig
- Gemüse (z. B. Artischocken, Spargel)
- Als Süßungsmittel (z. B. in Fruchtsäften, Süßgetränken, zucker- und/oder fettreduzierten Produkten und verarbeiteten Lebensmitteln)

Chemischer Aufbau

Einfachzucker aus einem einzelnen Fruktoseteilchen •

Spezielles

- Fruktose kommt auch im Haushaltszucker vor, dieser wird aber problemlos aufgenommen.
- Früchte mit mehr Glukose als Fruktose verursachen keine Beschwerden, z. B. Ananas, Erdbeeren, Orangen und Kiwi.

Laktose

Vorkommen

- Milch und einige Milchprodukte wie z. B. Joghurt, Quark, Rahm
- Als Träger von Aromastoffen oder zur Farbgebung (Bräunungsbildung) in vielen verarbeiteten Lebensmitteln

Chemischer Aufbau

Zweifachzucker aus je einem Glukose- und Galaktoseteilchen •–•

Spezielles

- Aktivität des Verdauungsenzyms ist oft vermindert bei Erwachsenen.
- Kleine Mengen (< 1 g) verursachen keine Beschwerden.

Polyole

Vorkommen

- Sorbit, Xylit, Mannit, Maltit, Isomalt als Süßungsmittel oder Zusatzstoff mit E-Nummer (z. B. Feuchthaltemittel in Marzipan, Makronen)
- Zahnschonenden Kaugummis und Bonbons
- Früchte und Gemüse (z. B. Apfel, Aprikose, Nektarine, Blumenkohl, Champignon)

Chemischer Aufbau

Unterschiedliche chemische Verbindungen ▲

Spezielles

- Sorbit kommt vor in fruktosereichen Früchten wie Kirschen, Pflaumen sowie Apfelsaft.
- Süssstoffe (z. B. Aspartam, Saccharin) gehören nicht in diese Gruppe und sind keine FODMAPs.

Galakto-Oligosaccharide (GOS)

Vorkommen

- Hülsenfrüchte wie Linsen, Kichererbsen, Bohnen (Borlotti-, Kidney-, Soja- usw.)

Chemischer Aufbau

Lange Ketten aus Galaktose und je einem Fruktose- und Glukoseteilchen

Spezielles

- Bei Hülsenfrüchten aus der Dose tritt ein Teil der GOS ins Wasser über.
- Beim Einweichen und Kochen in viel Wasser vermindert sich der Gehalt an GOS ebenfalls ein wenig.

Fruktane

Inulin und Frukto-Oligosaccharide (FOS)

Vorkommen

- Gemüse (z. B. Knoblauch, Zwiebeln)
- Getreide (z. B. Weizen, Roggen, Gerste)
- Früchte (z. B. Nektarine, Wassermelone)
- Nüsse (z. B. Cashew, Pistazien)

Chemischer Aufbau

Lange Ketten aus Fruktoseteilchen und einem Glukoseteilchen

Spezielles

- Fruktane sind neben Stärke ein Teil der Kohlenhydratspeicher in Pflanzen.
- Fruktane kommen zwar nur in kleinen Mengen vor, aber in vielen Lebensmitteln.

Vorkommen

- Gemüse (z. B. Chicorée, Schwarzwurzeln, Topinambur)
- Als präbiotische Nahrungsmittelzusätze oder zur Erhöhung des Nahrungsfaseranteils (z. B. in Müesli, Sportriegel, -drinks)
- Als Fettersatz (z. B. in Fleischwaren und fettarmen Aufstrichen)

Chemischer Aufbau

Lange Ketten aus Fruktoseteilchen

Die Eliminationsphase

In der Eliminationsphase geht es darum, während vier Wochen die FODMAP-Aufnahme auf ein Minimum einzuschränken. Wählen Sie deshalb geeignete Nahrungsmittel aus der Tabelle »FODMAP-arme Lebensmittel« aus (Tabelle Seite 27).

Meiden Sie in dieser Zeit alle Lebensmittel mit einem hohen FODMAP-Gehalt (Tabelle ab Seite 240). Lesen Sie auch immer aufmerksam die Zutatenliste auf Produkten.

Wichtig dabei ist, ungeeignete Lebensmittel durch geeignete zu ersetzen und nicht einfach wegzulassen. Nur so ist es möglich, dass Sie mit allen Nährstoffen versorgt sind und leistungsfähig bleiben.

Ziel dieser Phase ist es herauszufinden, ob die FODMAPs einen Einfluss auf Ihre Beschwerden haben und welche Symptome sich verbessern. Ist nach diesen vier Wochen keine oder nur eine geringe Verbesserung der Beschwerden spürbar, sollten Sie das weitere Vorgehen mit Ihrer Ernährungsfachperson besprechen. Ergibt sich auch im weiteren Verlauf keinerlei Besserung, gehören Sie zu den Personen, bei denen die Ernährung eine untergeordnete Rolle für die Beschwerden spielt. Berichten Sie dies Ihrem Arzt und lassen Sie sich über weitere Therapiemöglichkeiten informieren.

Das Wichtigste in Kürze

Fruktose
- Wählen Sie FODMAP-arme Früchte und Gemüse.
- Meiden Sie Honig.
- Essen Sie pro Mahlzeit nicht mehr als 1 Portion geeignete Früchte.
- Machen Sie zwischen den Mahlzeiten eine Pause von 2–3 Stunden.

Laktose
- Ersetzen Sie Milch, Joghurt, Quark und Rahm durch laktosefreie Produkte. Käse ist natürlicherweise laktosefrei oder -arm.
- Kleine Mengen Laktose werden im Rahmen einer Mahlzeit problemlos vertragen.

Fruktan, Frukto-Oligosaccharide (FOS), Inulin
- Meiden Sie Zwiebeln und Knoblauch sowie Brot und Teigwaren.
- Verzichten Sie auf Inulin und FOS.
- Kleine Mengen Weizen müssen Sie nicht beachten (z. B. im Mehl gewendetes Fleisch).

Galakto-Oligosaccharide (GOS)
- Essen Sie keine Hülsenfrüchte, wie z. B. Linsen, gelbe Erbsen, schwarze oder rote Bohnen.

Polyole
- Meiden Sie zahnschonende Kaugummis und Bonbons.
- Lesen Sie die Zutatenliste und meiden Sie Sorbit (E 420), Xylit (E 967), Mannit (E 421), Maltit (E 965) und Isomalt (E 953).

FODMAP-arme Lebensmittel (nicht abschließende Aufzählung, siehe dazu Seite 240ff.)

Gemüse	Stärkebeilagen	Öle, Fette, Nüsse	Getränke
Aubergine	Hafer	Butter	Wasser
Austernpilze	Hirse	Ghee	Tee
Bambussprossen	Kartoffeln	alle Öle	(z. B. Pfefferminze, Grüntee,
Blattsalat (Eisberg, Endivie,	Maisgrieß/Polenta	Kokosöl/Kokosfett	Roiboos, weißer Tee)
Lollo, Kopfsalat u.a.)	Quinoa	Oliven	
Bohnen, grün	Reis		Kaffee
Brokkoli	Teff	Baumnüsse (Walnüsse)	
Chicorée		Erdnüsse	Bier
Gurke	Buchweizen-Teigwaren	Macadamia	Schaumwein
Karotte	Maisteigwaren	Paranüsse	Wein, rot und weiß
Knollensellerie	Quinoateigwaren	Pekannüsse	
Kohlrabi	Reis-/Glasnudeln	Pinienkerne	
Krautstiel			
Kürbis (Hokkaido, Patisson)	Buchweizenmehl	Chiasamen	
Mangold	Hirse-, Maismehl	Kürbiskerne	
Pastinake	Quinoamehl	Mohnsamen	
Pak Choi	Reis-, Teffmehl	Sesamsamen	
Peperoni (Paprika), grün		Sonnenblumenkerne	
Radicchio	Flocken (Reis, Hafer, Hirse,		
Radieschen	Quinoa, Buchweizen)	Erdmandeln (Tigernüsse)	
Rot-, China-, Federkohl	Mais-Popcorn		
Rucola	Mais-, Reiswaffeln		
Sojasprossen	Reisflakes, Maisflakes		
Spinat			
	Esskastanien (Maronen)		

Obst	Proteine	Süßes	Anderes
Ananas	alle Fleischsorten	Zucker, Roh- Rohr-, Palm- und	Chilischote
Banane (gelb, fest)	alle Fischsorten	Puderzucker	alle Gewürze
Clementine		Traubenzucker	Ingwer
Heidelbeere	Eier	Ahorn-, Reissirup	alle Kräuter
Kaktusfeige			Sojasauce
Kiwi	Tofu natur	Süßstoffe	Zitronengras
Limette	Tempeh	Stevia	
Mandarine			Essiggurken
Melone (Cantaloupe)	laktosefreie Milch	Erdnussbutter	Kapern, eingelegt
Orange	laktosefreier Joghurt	Konfitüre mit geeig-	Maiskölbchen, eingelegt
Papaya	Halbhartkäse	neten Früchten	
Rhabarber	Hartkäse		Mandeldrink
Zitrone	Weichkäse	Schokolade, dunkel	Reisdrink

Zusammenstellung ausgewogener Mahlzeiten

Achten Sie auch in der Eliminationsphase darauf, dass Ihre Ernährung ausgewogen ist. Dies erreichen Sie, indem Sie Ihre Hauptmahlzeiten nach dem Tellermodell zusammenstellen. Wählen Sie in der Eliminationsphase FOPMAP-arme Lebensmittel. Die Angaben der Portionen gelten für leicht aktive Erwachsene und liefern insgesamt 1800–2500 kcal. Für sehr sportliche Personen oder bei körperlich intensiver Berufstätigkeit erhöht sich der Bedarf und bedingt größere Portionen.

Proteinreiche (eiweißreiche) Lebensmittel
– 3 × pro Tag 1 Portion Milch/Milchprodukte
  200 ml Milch oder 150–200 g Joghurt, Quark, Hüttenkäse
  oder 30 g Halbhart-/Hartkäse oder 60 g Weichkäse
– 1 × pro Tag zusätzlich 100–120 g Fleisch, Geflügel, Fisch,
  Tofu, Quorn oder 2–3 Eier oder 30 g Halbhart-/Hartkäse
  oder 60 g Weichkäse oder 150–200 g Quark, Hüttenkäse

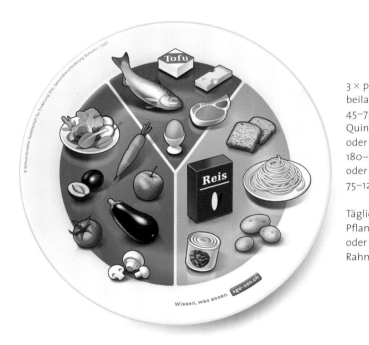

5 × pro Tag
120 g Gemüse
und/oder Früchte

3 × pro Tag 1 Portion Stärkebeilage:
45–75 g Reis, Mais, Hirse, Quinoa, Flocken, Teigwaren
oder
180–300 g Kartoffeln
oder
75–125 g Brot

Täglich 2–3 EL (20–30 g) Pflanzenöl, Nüsse, Samen oder Kerne, sparsam Butter, Rahm

Das Tellermodell veranschaulicht eine ausgewogene Hauptmahlzeit und das Verhältnis der einzelnen Komponenten zueinander.

Und was ist mit …

Dinkel und Urdinkel

Dinkel ist eine mit dem Weizen eng verwandte Getreideart. Urdinkel ist eine alte reine Dinkelsorte, die nicht mit Weizen gekreuzt oder gezüchtet wurde. Dinkel enthält wie Weizen auch Fruktan, der Gehalt ist jedoch etwa ein Drittel geringer als beim Weizen. Noch weniger Fruktane sind in Dinkel-Sauerteigbrot enthalten. Bei dieser traditionellen Herstellungsweise bauen die Milchsäurebakterien die Fruktane teilweise bereits ab. Während der Eliminationsphase ist Dinkel/Urdinkel deshalb in kleinen Mengen erlaubt. Ob und wie viel Sie davon essen können, sollten Sie mit Ihrer Ernährungsfachperson besprechen.

Gluten

Die FODMAP-arme Ernährung ist keine glutenfreie Ernährung. Weizen, Roggen und Gerste werden nicht wegen des Glutens, sondern wegen der Fruktane eingeschränkt. Durch diese Einschränkungen kommt es zu einer glutenarmen Ernährung.

Glutenfreie Spezialprodukte können als Alternativen gegessen werden. Beachten Sie aber immer die Zutatenliste dieser Produkte. Teilweise sind ungeeignete Zutaten wie beispielsweise Soja- oder Erbsenmehl, Honig oder Fruchtzucker enthalten.

Knoblauch und Zwiebeln

Während der strengen Eliminationsphase müssen Sie auf Knoblauch und Zwiebeln in allen Formen verzichten. Beachten Sie vor allem bei Kräutersalzen und Gewürzmischungen die Zutatenliste. Oftmals sind darin Knoblauch und Zwiebeln enthalten.

Es gibt auch noch andere Zutaten für intensives Aroma und Schärfe: Zitrone, Limette, Essig, Ingwer, Senf, Pfeffer und Paprika. Schnittlauch und das Zwiebelgrün sind in kleinen Mengen ebenfalls geeignet. Weil FODMAPs wasserlöslich, aber nicht fettlöslich sind, ist es möglich, selber Knoblauch- oder Zwiebelöl herzustellen (siehe Seite 47). Das exotische Gewürz Asantwurzel (»stinkendes Harz«) verströmt einen sehr intensiven Geruch und hinterlässt nach dem Kochen einen leichten Knoblauchgeschmack. Asantwurzel ist in Asiamärkten, Gewürzläden oder in Internetshops erhältlich.

Kaffee und Tee

Meiden Sie in der Eliminationsphase Kaffee und andere koffeinhaltige Getränke oder limitieren Sie diese auf ein bis zwei Tassen pro Tag. Wenn Sie bisher sehr viel Kaffee getrunken haben, empfiehlt sich eine schrittweise Reduktion.

Die Säuren im Kaffee regen die Verdauungssäfte an, und Koffein hat Einfluss auf das Nervensystem. Koffeinfreier Kaffee enthält zwar kein Koffein, aber Säuren und Röststoffe. Außerdem sind im Kaffee ebenfalls kleine Mengen gelöster FODMAPs enthalten. Testen Sie die Verträglichkeit von Kaffee in der Toleranzfindungsphase aus. Grundsätzlich ist aber nichts gegen einen maßvollen Genuss von Kaffee einzuwenden.

Sie können aus vielen Teesorten wählen. Grundsätzlich gilt: Je kürzer die Aufgusszeit, desto geringer ist der FODMAP-Gehalt. Einige Teesorten enthalten FODMAPs (siehe Tabelle Seite 24off.). Zum Beispiel wird Fencheltee aus Fenchelsamen hergestellt. Diese haben einen hohen FODMAP-Gehalt. Da die FODMAPs wasserlöslich sind, gelangen sie ins Teewasser.

Alkohol

Meiden Sie in der Eliminationsphase Alkohol in jeder Form oder limitieren Sie die Menge als Frau auf ein Standardglas und als Mann auf zwei Standardgläser pro Tag. Hochprozentiger Alkohol verlangsamt die Verdauung. Getränke mit geringer Alkoholkonzentration wie Bier regen dagegen die Muskelbewegungen im Darm an. Speziell Bier wird häufig als Auslöser von Durchfall genannt. Weine – speziell Weiß- und Schaumweine – stimulieren die Verdauungssäfte und die Darmaktivität.

Tipps vor Beginn der Eliminationsphase

Egal, ob Sie erst kürzlich die Diagnose Reizdarm-Syndrom erhalten haben oder ob Sie schon lange davon betroffen sind: Das FODMAP-Konzept bedeutet insbesondere in den ersten Wochen eine Umstellung Ihrer bisherigen Ernährungsweise und teilweise auch Ihrer Lebensgewohnheiten. Die folgenden Tipps sollen Ihnen dabei helfen zu erkennen, was zu Beginn wichtig ist, worauf Sie achten müssen und wie Sie die Eliminations- und Toleranzfindungsphase am besten organisieren können.

Besprechung mit Ihrer Ärztin oder Ihrem Arzt

Vereinbaren Sie einen Termin bei Ihrem Arzt, falls nicht er Ihnen das FODMAP-Konzept und eine Ernährungsberatung empfohlen hat. Sprechen Sie ihn auf den Test für Zöliakie an, damit er diesen und wenn nötig weitere Untersuchungen durchführen kann. Setzen Sie auch nicht einfach Medikamente ab, sondern besprechen Sie sich mit dem Arzt.

Persönliche Beratung

Lassen Sie sich durch eine erfahrene und anerkannte Ernährungsfachperson mit Reizdarm-Syndrom-Erfahrung beraten. Sie berücksichtigt Ihre persönliche Situation, vermittelt Ihnen die nötigen Fachkenntnisse und unterstützt Sie bei der Planung und Umsetzung des FODMAP-Konzepts.

Internet und Erfahrungsaustausch

Im Internet gibt es zahlreiche Seiten und Blogs zum Reizdarm-Syndrom. Diese können sehr hilfreich, aber auch verunsichernd sein. Nehmen Sie die Internetseiten kritisch unter die Lupe, bevor Sie alles für bare Münze nehmen. Und bedenken Sie, jeder Mensch ist einzigartig, und was dem einen hilft, muss für den anderen nicht zwingend gut sein. Vorsicht ist vor allem angebracht, wenn jemand Heilungsversprechungen macht und Ihnen etwas verkaufen will.

Vorrat

Wenn Sie als Single leben: Durchforsten Sie Ihren Kühl- und Küchenschrank. Prüfen Sie die Lebensmittel auf ihre Eignung in der Eliminationsphase und die Haltbarkeit. Verzehren oder verschenken Sie die Lebensmittel mit kurzer Haltbarkeit, welche Sie in den nächsten Wochen meiden müssen. Alle anderen Lebensmittel mit einem höheren FODMAP-Gehalt, die länger haltbar oder tiefgekühlt sind, können Sie in der Toleranzfindungsphase einsetzen.

Wenn Sie mit anderen Personen zusammenleben, sind diese Maßnahmen nicht nötig. In beiden Fällen müssen Sie aber natürlich dafür sorgen, dass Sie genügend geeignete Lebensmittel für sich persönlich auf Vorrat haben.

Menüplanung

Erstellen Sie einen Wochenmenüplan und eine Einkaufsliste. Im nächsten Kapitel finden Sie zwei Wochenmenüpläne mit Fleisch sowie zwei für Vegetarier. Achten Sie darauf, dass Ihre Hauptmahlzeiten immer die drei Komponenten Stärkebeilage, Protein (Eiweiß) und Gemüse/Salat/Obst enthalten, und verwenden Sie für die Zubereitung ein Öl mit guter Fettqualität (z. B. Oliven- oder Rapsöl).

Einkaufen und Zutatenlisten

Nehmen Sie sich zu Beginn mehr Zeit für den Einkauf. Kaufen Sie vor allem Frischprodukte und Grundnahrungsmittel. Lesen Sie die Zutatenliste bei verarbeiteten Lebensmitteln und meiden Sie alles mit ungeeigneten Zutaten (siehe Seite 240ff.). Bei abgepackten Lebensmitteln ist die Deklaration aller Zutaten, die bei der Herstellung des Produkts zum Einsatz kommen, gesetzlich vorgeschrieben. Die Zutaten sind mengenmäßig in absteigender Reihenfolge angegeben. Vor allem wenn Produkte mit Angaben wie »fettarm«, »fettfrei« oder »zuckerreduziert« gekennzeichnet sind, enthalten sie oft ungeeignete Zutaten.

Nehmen Sie sich Zeit, das Lebensmittelangebot zu prüfen. Sie werden viele geeignete Produkte entdecken, die Sie vielleicht nicht kennen, aber jetzt neu ausprobieren können.

Informieren

Entscheiden Sie selbst, inwieweit Sie Ihr Umfeld über das Reizdarm-Syndrom und das FODMAP-Konzept informieren möchten. Für näherstehende Personen ist es auf jeden Fall hilfreich zu wissen, dass es sich bei der Eliminationsphase nur um eine zeitlich begrenzte Maßnahme handelt. Machen Sie deutlich, dass Sie bei dieser Ernährungsweise nur zu Beginn auf viele Lebensmittel verzichten müssen, jedoch im Verlauf der Toleranzphase diese wieder austesten dürfen. So verstehen Familie und Freunde viel besser, warum Sie sich strikt an einen Ernährungsplan halten müssen, und unterstützen Sie darin.

Mahlzeiten in der Familie

Grundsätzlich kann Ihre Familie mitessen, und Sie müssen nicht separat kochen. Einzelne Komponenten können Sie bei Bedarf problemlos für die Familie ergänzen. Beispielsweise können Sie die Zwiebeln erst am Schluss an den Salat geben, nachdem Sie sich selber schon eine Salatportion beiseitegestellt haben, oder Sie belegen für sich ein Viertel des Kuchens mit Rhabarber und für die Familie den Rest mit Äpfeln.

Unterwegs

Denken Sie daran, etwas mitzunehmen, wenn Sie eine längere Bahn- oder Autofahrt unternehmen. Hier eignen sich Reis- oder Maiswaffeln, Mais- oder Kartoffelchips, Popcorn oder geeignetes Obst wie Banane oder Orange. Als Getränk idealerweise Wasser oder Tee (z. B. Pfefferminze, Roiboos) mitnehmen.

Auswärts essen

Planen Sie die Eliminationsphase so, dass Sie keine sehr wichtigen Anlässe haben. Trotzdem ist es auch in der Eliminationsphase möglich, auswärts zu essen. Lesen Sie dazu die Tipps für die Phase der Langzeiternährung (siehe Seite 39f.). Das FODMAP-Konzept ist in der Gastronomie noch kaum bekannt, aber viele Köche wissen, was laktosefrei oder weizenfrei bedeutet.

Und schließlich …

Die Eliminationsphase ist kurz. Manchmal kann man es sich zu Beginn nicht vorstellen, auf die vielen gewohnten Lebensmittel zu verzichten. Die Erfahrung von Betroffenen zeigt, dass dies kein Problem mehr ist, sobald sie eine Besserung ihrer Beschwerden bemerken. Dies motiviert, den Ernährungsplan konsequent durchzuhalten.

Menüpläne für die Eliminationsphase

Die folgenden Wochenpläne bestehen aus FODMAP-armen Gerichten. Zwei Wochen enthalten Fleisch und Fisch und zwei Wochen ausschließlich vegetarische Menüs. Die Menüpläne sind für berufstätige Personen zusammengestellt. So sind die Mittagsmenüs aus den Take-from-Home-Rezepten gewählt, und am Wochenende gibt es etwas aufwendigere Gerichte. Grundsätzlich können Sie auch am Abend eine Portion mehr kochen und diese am nächsten Tag als Mittagessen mitnehmen. Wer am Mittag kocht, tauscht das Mittagessen mit dem Abendessen aus. Die Zwischenmahlzeit vom Nachmittag eignet sich auch am Vormittag oder als Spätmahlzeit. Trinken Sie über den Tag verteilt 1–2 Liter geeignete Getränke.

Wochenmenüplan mit Fleisch und Fisch (1. Woche)

	Montag	Dienstag	Mittwoch
Frühstück	Reis- oder Maiswaffeln, Butter, Beerenkonfitüre Smoothie oder Shake (S. 50)	Warme Hirsecreme mit Bananen (S. 62)	Reis- oder Maiswaffeln, Butter, Beerenkonfitüre Smoothie oder Shake (S. 50)
Mittagessen	Asiatischer Reisnudelsalat mit Poulet (S. 79)	Salade niçoise (S. 70)	Nüssli- oder Blattsalat mit Baumnüssen (S. 96) Maistaler mit Kräutfrisch-käse (S. 59) oder Hüttenkäse
Zwischenmahlzeit	Geeignete Frucht z. B. Orange	Geeignete Frucht z. B. Ananas	Geeignete Frucht z. B. Heidelbeeren
Abendessen	Hirse-Spinat-Soufflé (S. 179)	Gefüllte Omeletts mit Hackfleisch, FODMAP-arme Variante (S. 115)	Kalbsgeschnetzeltes mit Rösti und glasiertem Karottengemüse (S. 153/154)

Wochenmenüplan mit Fleisch und Fisch (2. Woche)

	Montag	Dienstag	Mittwoch
Frühstück	Schnelle Joghurtcreme mit Quinoa-Pops (S. 62)	Flockenmüesli mit Himbee-ren und Kernen (S. 52)	Schnelle Joghurtcreme mit Quinoa-Pops (S. 62)
Mittagessen	Curry-Reissalat mit Früchten und Pouletstreifen (S. 88)	Eisbergsalat mit Thunfisch und Tomaten (S. 72) ergänzt mit Kartoffelschei-ben vom Vortrag	Truthahn mit Radieschen auf Lattichsalat (S. 83) mit Reis-/Maiswaffeln oder Maistalern (S. 59)
Zwischenmahlzeit	Geeignete Frucht z. B. Orange	Geeignete Frucht z. B. Ananas	Geeignete Frucht z. B. Banane
Abendessen	Kartoffeln mit Käse und Kräuterdip Italienisches Gemüse-Antipasto (S. 110)	Rindfleisch chinesische Art mit Basmatireis (S. 150)	Hirsebratlinge auf Rata-touillegemüse (S. 122)

Donnerstag	Freitag	Samstag	Sonntag
Warme Hirsecreme mit Bananen (S. 62)	Reis- oder Maiswaffeln, Butter, Beerenkonfitüre Smoothie oder Shake (S. 50)	Bananen-Pfannkuchen (S. 68)	Frittata mit Karotten (S. 60)
Caesar Salad (S. 80) mit Reis-/Maiswaffeln oder Hirsebratlingen (S. 122)	Sizilianischer Pasta-Bohnen-Salat mit Salsiccia (S. 82)	Sommerlicher Gemüsesalat (S. 103) mit Maistalern (S. 59)	Mais-Triangel mit Karotten-Fenchel-Gemüse (S. 138)
Geeignete Frucht z. B. Cantaloupe Melone	Geeignete Frucht z. B. Mandarine	Geeignete Frucht z. B. Banane	Geeignete Frucht z. B. Kiwi
Maispizza mit Gemüse (S. 136)	Älpler-Makkaroni, FODMAP-arme Variante (S. 144) und Blattsalat	Gefüllte Pouletröllchen mit Babykartoffeln und Cherrytomaten (S. 194) Panna cotta an Kiwisauce (S. 215)	Zander auf Frühlingsgemüse an Safransauce mit Basmati-reis (S. 187) Vanilleflan mit marinierten Beeren (S. 210)

Donnerstag	Freitag	Samstag	Sonntag
Flockenmüesli mit Himbee-ren und Kernen (S. 52)	Schnelle Joghurtcreme mit Quinoa-Pops (S. 62)	Gemüseomelett mit Schinken, FODMAP-arme Variante (S. 55)	Rösti mit Spiegeleiern (S. 60) Smoothie oder Shake (S. 50)
Käse-Wurst-Salat (S. 86) mit Reis-/Maiswaffeln oder Hirsebratlingen vom Vortag	Kartoffelsalat Holzfällerart (S. 85)	Minestrone (S. 100)	Maisnudeln mit Spinat und Räucherlachs (S. 134)
Geeignete Frucht z. B. Cantaloupe Melone	Geeignete Frucht z. B. Heidelbeeren	Geeignete Frucht z. B. Kiwi	Geeignete Frucht z. B. Mandarine
Gratinierte Maisschnitten mit Tomaten und Raclette-käse, Gurkensalat (S. 193)	Quinoa mit Rindfleisch und grünem Gemüse (S. 182)	Riesencrevetten in Ananas-Curry-Sauce mit Vollkornreis und Gemüse (S. 163) Marronicreme mit Himbee-ren (S. 206)	Rindsschmortopf mit Kartoffeln und Gemüse (S. 174) Schokoladenkuchen (S. 224)

Wochenmenüplan Vegetarisch (1. Woche)

	Montag	Dienstag	Mittwoch
Frühstück	Flockenmüesli mit Himbeeren und Kernen (S. 52)	Reis- oder Maiswaffeln, Butter, Beerenkonfitüre Smoothie oder Shake (S. 50)	Flockenmüesli mit Himbeeren und Kernen (S. 52)
Mittagessen	Quinoa-Tomaten-Salat mit Mozzarella und Rucola (S. 74)	Kürbis-Hirse-Burger mit Schnittlauch-Sauerrahm (S. 77) und Saisonsalat	Curry-Reis-Salat mit Früchten und Curry-Tofu-Würfel (S. 88/89)
Zwischenmahlzeit	Geeignete Frucht z. B. Orange	Geeignete Frucht z. B. Ananas	Geeignete Frucht z. B. Heidelbeeren
Abendessen	Hirsotto mit Gemüse und Parmesan (S. 121)	Kartoffeltarte mit Tomaten (S. 109)	Crêpes mit Karotten und Brokkoli an Gorgonzolasauce, FODMAP-arme Variante (S. 146)

Wochenmenüplan Vegetarisch (2. Woche)

	Montag	Dienstag	Mittwoch
Frühstück	Warme Hirsecreme mit Bananen (S. 62)	Cornflakes-Knuspermüesli, FODMAP-arme Variante (S. 52)	Warme Hirsecreme mit Bananen (S. 62)
Mittagessen	Bunter Quinoasalat mit Weichkäse oder Feta (S. 92)	Sizilianischer Pasta-Bohnen-Salat mit Käse (S. 82)	Reissalat tricolore, FODMAP-arme und vegetarische Variante (S. 90)
Zwischenmahlzeit	Geeignete Frucht z. B. Orange	Geeignete Frucht z. B. Ananas	Geeignete Frucht z. B. Banane
Abendessen	Hirsecouscous mit Kürbis und Koriander (S. 159) und Joghurt-Gurken-Sauce	Riz Casimir (S. 196) mit Tofu und Blattsalat	Kartoffelpuffer mit Gurkenquark (S. 108)

Donnerstag	Freitag	Samstag	Sonntag
Reis- oder Maiswaffeln, Butter, Beerenkonfitüre Smoothie oder Shake (S. 50)	Flockenmüesli mit Himbeeren und Kernen (S. 52)	Pancakes mit Ahornsirup und Heidelbeeren, FODMAP-arme Variante (S. 66)	Maistaler mit Kräuterfrisch-käse (S. 59) Smoothie oder Shake (S. 50)
Gemüse-Moussaka (S. 124)	Tortilla mit Zucchini und Paprika (S. 93)	Minestrone (S. 100)	Kartoffelsüppchen mit Erdnussbutter (S. 156)
Geeignete Frucht z. B. Cantaloupe Melone	Geeignete Frucht z. B. Banane	Geeignete Frucht z. B. Kiwi	Geeignete Frucht z. B. Clementine
Fried Rice mit Tofu (S. 170) und Blattsalat	Polenta-Tomaten-Gratin (S. 137)	Spätzlipfanne mit Spinat, vegetarische Variante (S. 177) Beerencreme (S. 206)	Grünes Wokgemüse mit Tofu und Basmatireis (S. 202) Banana Split (S. 209)

Donnerstag	Freitag	Samstag	Sonntag
Cornflakes-Knuspermüesli, FODMAP-arme Variante (S. 52)	Warme Hirsecreme mit Bananen (S. 62)	Omelett mit Cherrytomaten (S. 56)	Rösti mit Spiegeleiern (S. 60)
Tabouleh-Salat mit Hirse und Feta (S. 95)	Griechischer Salat mit Feta (S. 73)	Mediterranes Ofengemüse mit Kartoffeln und Dip (S. 113)	Kürbis-Kartoffel-Suppe (S. 102)
Geeignete Frucht z. B. Cantaloupe Melone	Geeignete Frucht z. B. Heidelbeeren	Geeignete Frucht z. B. Kiwi	Geeignete Frucht z. B. Mandarine
Maisspaghetti mit Rucola-pesto und Tomaten-Mozzarella-Salat (S. 141)	Einfacher Kartoffel-Gemüse-Kuchen (S. 106) und Blattsalat	Schupfnudelpfanne (S. 178f.) Orangen-Maismuffins (S. 220)	Paella mit Gemüse und Tofu (S. 184) Schokoladenmousse mit Himbeeren (S. 211)

Häufige Fragen zur Eliminationsphase

Muss ich Spuren von Milch oder Weizen berücksichtigen?
Nein. Es gilt, die großen Mengen von FODMAPs zu reduzieren, deshalb müssen Sie Spuren nicht meiden. Das heißt, wenn ein geeignetes Produkt den Hinweis enthält »Kann Spuren von Milch oder Weizen enthalten«, ist das kein Problem.

Darf ich in der Eliminationsphase Ausnahmen machen?
Grundsätzlich dürfen Sie FODMAP-reiche Lebensmittel konsumieren. Auch wenn Sie einmalig ein FODMAP-reiches Lebensmittel essen, verfälscht dies nicht die ganze Eliminationsphase. Für eine aussagekräftige Eliminationsphase empfehlen wir aber eine konsequente Umsetzung.

Muss ich für den Rest meiner Familie separat kochen?
Nein, grundsätzlich kann die ganze Familie mitessen. Bei richtiger Umsetzung des Tellermodels sind die Mahlzeiten für alle ausgewogen. So kann das Mittag- und Abendessen für alle dasselbe sein. Beim Frühstück können Sie für sich etwas anderes zubereiten und bei Zwischenmahlzeiten eine geeignete Kleinigkeit auswählen.

Muss ich Laktose meiden, wenn ich keine Laktose-Intoleranz habe?
Sofern Sie einen Laktose-Toleranz-Test durchgeführt haben und während oder nach dem Test keinerlei Beschwerden hatten, verdauen Sie die Laktose. Sie können normale Milchprodukte essen und müssen keine speziellen laktosefreien Produkte verwenden.

Enthalten alle Milchprodukte Laktose?
Nein. Der Gehalt an Milchzucker ist je nach Produkt sehr unterschiedlich. Viel Laktose ist nur in Milch (auch Schaf- und Ziegenmilch), Buttermilch, Molke und Kondensmilch enthalten. In deutlich geringeren Mengen kommt der Milchzucker in Frischkäse, Quark, Rahm und Joghurt vor. Und nur noch kleinste Mengen (weniger als 1 g) kommen in Weichkäse, Feta, Mozzarella und Butter vor. Deshalb sind hier auch keine speziellen und teuren laktosefreien Produkte nötig. Hartkäse ist natürlicherweise laktosefrei.

Kann ich scharfe Gewürze verwenden?
Scharfes wie Chili oder scharfer Curry enthalten zwar wenig FODMAPs, sie können aber nicht nur im Mund brennen, sondern auch die Darmschleimhaut irritieren. Dies kann zu einem rascheren Transport des Darminhalts führen, sodass unverdaute Speisereste in den Dickdarm gelangen und zu Blähungen oder Durchfall führen. Meiden Sie deshalb scharfe Gewürze in der Eliminationsphase und testen Sie diese in der Toleranzfindungsphase aus.

Sind Präparate mit Vitaminen oder Mineralstoffen empfehlenswert?
Viele Multivitamin-Brausetabletten enthalten Fruktose und sind ungeeignet. Hohe Dosierungen von Magnesium oder Vitamin C können Blähungen oder Durchfall verursachen. Kalzium- oder Eisentabletten können Unwohlsein oder Verstopfung fördern. Falls Ihr Arzt Ihnen Vitamin- oder Mineralstoffpräparate verschreibt, sprechen Sie ihn auf mögliche Unverträglichkeiten oder Nebenwirkungen an.

Mir geht es nach zwei Wochen Elimination der FODMAPs so gut. Muss ich diese trotzdem noch länger einhalten?
Falls Sie mehr oder weniger ständig Beschwerden hatten und jetzt völlig beschwerdefrei sind, dann können Sie zum nächsten Schritt der Toleranzfindung übergehen. Falls Sie hingegen eher unregelmäßig Beschwerden hatten, dann empfiehlt es sich, noch zwei Wochen FODMAP-arm zu essen.

Mir geht es nach vier Wochen FODMAP-Elimination nicht viel besser. Was soll ich tun?

Besprechen Sie sich mit Ihrer Ernährungsfachperson. Sie wird mit Ihnen versuchen herauszufinden, ob sich in Ihrem Menüplan unbeabsichtigt FODMAPs eingeschlichen haben oder ob Sie vielleicht zu viele Ausnahmen gemacht haben. In diesem Falle kann es sinnvoll sein, nochmals zwei Wochen FODMAP-arm zu essen.

Soll ich Probiotika einnehmen?

Wenn Sie diese bereits einnehmen, können Sie damit fortfahren. Ansonsten lassen Sie sich von einer Ernährungsfachperson beraten bezüglich des geeigneten Zeitpunktes. Sie wird Ihnen Produkte empfehlen können, die in Studien einen günstigen Einfluss bei Reizdarm-Syndrom gezeigt haben. Probiotische Drinks können Laktose enthalten, jedoch meist in kleinen Mengen. Probiotische Pulver und Kapseln sollten Sie in jedem Fall auf ungeeignete Zutaten wie Präbiotika oder Fruktose überprüfen.

Weshalb sind Peperoni (Paprika) geeignet – sie gelten doch als schwer verdaulich?

Ja, es gibt Personen, die nach dem Genuss von Peperoni bzw. Paprika Aufstoßen, Magenbrennen oder andere Beschwerden haben. Welcher Inhaltsstoff dafür verantwortlich ist oder warum manche darauf reagieren und andere nicht, ist nicht bekannt. Manche vertragen sie gekocht, gegrillt oder geschält besser. Solche individuellen Unverträglichkeiten berücksichtigt das FODMAP-Konzept nicht. Lassen Sie Peperoni weg, falls Sie diese nicht vertragen. Je nach Reifegrad und Farbe besitzen Peperoni einen unterschiedlichen FODMAP-Gehalt (siehe Tabelle ab Seite 240).

Sind alle Fleisch- und Fischsorten sowie Meeresfrüchte (Muscheln, Crevetten u.a.) FODMAP-arm?

Diese eiweißreichen tierischen Lebensmittel sind grundsätzlich FODMAP-arm, denn sie besitzen keine oder nur sehr wenige Kohlenhydrate. Allerdings kann sich der FODMAP-Gehalt bei der Verarbeitung ungünstig verändern, wenn FODMAP-reiche Zutaten zum Einsatz kommen, z. B. mit Zwiebeln oder Knoblauch angereicherte Marinaden und Saucen.

Ein Lebensmittel ist weder als FODMAP-reich noch als FODMAP-arm gelistet. Darf ich es trotzdem essen?

Meiden Sie es in der Eliminationsphase und probieren Sie es in der Toleranzfindungsphase aus. Die Analyse des FODMAP-Gehalts in Lebensmitteln ist sehr aufwendig. Das Angebot an Lebensmitteln ist heutzutage enorm groß und manche kommen auch nur regional vor. Deshalb werden niemals alle Lebensmittel analysiert sein. Das macht aber nichts, denn durch Ausprobieren können Sie das Lebensmittel selber testen und entscheiden, ob Sie es vertragen oder nicht.

Kann der FODMAP-Gehalt von bereits analysierten Lebensmitteln ändern?

Ja, das kommt vor. Klimatische Veränderungen, Bodenbeschaffenheit, Lagerungsmethoden (insbesondere Kühllagerung) oder selektive Züchtung von süßeren Sorten können den FODMAP-Gehalt in Lebensmitteln beeinflussen. So wurden z. B. Erdbeeren, Trauben sowie Peperoni (Paprika) und Tomaten Anfang 2022 neu bewertet. Lassen Sie sich dadurch nicht verunsichern, testen Sie die für Sie gut verträgliche Portionsgröße. Die Listen und farbigen Ampeltabellen in diesem Buch sind nützliche Orientierungshilfen. Informieren Sie sich auch mit der App der Monash Universität über aktuelle Listen der analysierten Lebensmitteln (siehe Seite 250).

Die Toleranzfindungsphase

Wenn sich Ihre Beschwerden in der Eliminationsphase deutlich gebessert haben, dann ist es an der Zeit, in die Toleranzfindungsphase zu wechseln. In dieser Phase beginnen Sie, FODMAPs wieder einzuführen und die individuelle Toleranzgrenze für jedes einzelne FODMAP zu testen.

- Testen Sie pro Woche jeweils nur ein FODMAP-reiches Lebensmittel.
- Beginnen Sie mit der Hälfte einer üblichen Portion. Bei guter Verträglichkeit essen Sie das gleiche Lebensmittel nochmals.
- Testen Sie weitere Nahrungsmittel aus der gleichen FODMAP-Gruppe oder Lebensmittel aus anderen Gruppen. Falls Beschwerden auftreten, essen Sie wieder ein bis zwei Tage FODMAP-arm und testen das gleiche Nahrungsmittel in einer kleineren Menge. Kommt es erneut zu Symptomen, lassen Sie das Lebensmittel vorläufig weg und probieren es zu einem späteren Zeitpunkt erneut.
- In der Folge testen Sie weitere Nahrungsmittel aus der gleichen FODMAP-Gruppe oder andere FODMAPs.

In welcher Reihenfolge Sie die einzelnen FODMAPs testen, können Sie selbst entscheiden. Beginnen Sie mit dem Lebensmittel, das Sie am stärksten vermissen. Sie wählen dabei ein Lebensmittel mit mittlerem oder hohem FODMAP-Gehalt aus der Tabelle auf Seite 240ff.

Die FODMAP-Toleranz ist sehr unterschiedlich, und die Verträglichkeit ist schwer vorauszusagen. Nehmen Sie in dieser Phase die Unterstützung einer Ernährungsfachperson in Anspruch. Hilfreich kann auch eine detaillierte Dokumentation der getesteten Lebensmittel und der jeweiligen Reaktionen sein.

Tipps für die Toleranzfindungsphase

Zeitpunkt
Nehmen Sie sich Zeit für diese Phase und planen Sie die Tests. Der Zeitpunkt ist wichtig, da es eventuell zu Beschwerden kommen kann. Schieben Sie diese Phase aber auch nicht vor sich hin, sondern beginnen Sie nach spätestens sechs Wochen Elimination mit dem Testen. Entspannen Sie sich und achten Sie nicht auf jede Regung im Bauch. Die Beschwerden sind mengenabhängig, und kleine Mengen sind oft gut verträglich.

Mehrmaliges Testen
Testen Sie ein Lebensmittel unbedingt mehrmals aus. Für Ihre Beschwerden kann es noch weitere Auslöser geben. Deshalb ist ein einmaliger Test nicht ausreichend. Eventuell hatten Sie versteckte FODMAP-Quellen oder eine ungünstige Kombination gegessen, oder Sie hatten an diesem Tag viel Stress und Belastung, sodass Sie mit Beschwerden reagierten.

Dauer
Lassen Sie sich Zeit. Diese Phase kann mehrere Monate dauern. Einige Personen sind mutiger und testen schneller, andere brauchen mehr Zeit. Ein wissenschaftlich basiertes Vorgehen für diese Phase existiert bis heute nicht, deshalb kann man auch keine genauen Angaben machen. Erfahrungsgemäß können die meisten innerhalb von drei bis sechs Monaten herausfinden, was sie gut vertragen und worauf sie mit Beschwerden reagieren.

Die Langzeiternährung

Unter Langzeiternährung versteht man die langfristige Ernährung, in der Sie die FODMAPs individuell reduzieren. Ziel ist es, dass Sie so wenig Einschränkungen wie möglich haben. Es ist wichtig, dass Sie nicht zu viele Lebensmittel aus einer Nahrungsmittelgruppe weglassen. Testen Sie deshalb im Verlauf auch immer wieder Lebensmittel, auf die Sie verzichtet haben. Achten Sie darauf, dass Sie trotz Einschränkungen innerhalb einer Lebensmittelgruppe eine möglichst große und vielfältige Auswahl haben. So wirken Sie einer ungenügenden Aufnahme an Nährstoffen entgegen.

Lassen Sie Ihre neu etablierten Essgewohnheiten von einer Ernährungsfachperson überprüfen. Sie kann abschätzen, ob Sie ausgewogen essen und trinken und mit allen notwendigen Nährstoffen versorgt sind. Falls nötig bespricht sie mit Ihnen, wie Sie Ihren Menüplan optimieren und ausgewogen zusammenstellen können.

Tipps für die Langzeiternährung

Einkaufsplanung und Kochideen

Besuchen Sie einen Asia-Laden oder ein indisches Geschäft. Durchstöbern Sie das Reformhaus, den Drogeriemarkt oder nehmen Sie die Reformfachabteilung eines großen Supermarkts genauer unter die Lupe. Sie werden staunen, wie viele geeignete Produkte Sie finden werden. Melden Sie sich zu einem Kochkurs für japanische Küche an oder schauen Sie fremdländische Kochbücher nach passenden Rezepten durch. Aber auch lokale Grundnahrungsmittel wie Kartoffeln oder Polenta gilt es wieder neu zu entdecken. Wer den Weizen nicht verträgt, findet in Kochbüchern für glutenfreies Kochen und Backen zahlreiche Ideen.

Nützliche Küchengeräte

Wer nicht alles verträgt, kocht in der Regel am liebsten selbst. Um den damit verbundenen erhöhten Arbeitsaufwand zu erleichtern, können geeignete Küchengeräte sinnvoll sein. Dazu zählen eine gute Küchenmaschine mit zweckmäßigem Zubehör (Mahl-, Raffel- und Pürieraufsatz), ein Brotbackautomat, eine Wok-Pfanne oder ein Reiskocher.

Nahrungsfasern

Die FODMAP-reichen Lebensmittel sind gleichzeitig auch wertvolle Lieferanten von Nahrungsfasern, die für die Darmgesundheit wichtig sind. Bei einer FODMAP-reduzierten Ernährung gilt es darauf zu achten, trotzdem ausreichend gut verträgliche, nahrungsfaserreiche Lebensmittel zu essen. Dazu zählen Vollkornreis, Mais, Hafer, Kartoffeln mit Schale, verträgliche Früchte und Gemüse sowie Nüsse und Kerne oder Samen.

Hülsenfrüchte

Um die Verträglichkeit von Hülsenfrüchten zu verbessern, weicht man getrocknete Linsen, Erbsen und Bohnen am besten über Nacht in viel Flüssigkeit ein. Am nächsten Tag gießt man das Einweichwasser weg, so reduziert sich der Gehalt an wasserlöslichen FODMAPs. Anschließend die Hülsenfrüchte in viel Wasser kochen und auch dieses nach dem Kochvorgang weggießen. Hülsenfrüchte aus der Dose spült man gründlich unter fließend kaltem Wasser ab. Fermentierte Produkte aus Hülsenfrüchten haben einen geringeren Gehalt an Galakto-Oligosaccharide (GOS). Wer experimentierfreudig ist, testet deshalb traditionelle Produkte anderer Kulturen auf die Verträglichkeit aus.

Soja

Bei Soja kommt es sehr darauf an, um welches Produkt es sich handelt. Sojabohnen enthalten viele Galakto-Oligosaccharide (GOS). Sojaöl oder Sojalecithin enthalten keine FODMAPs. Tofu, Sojasauce und Tempeh sind FODMAP-arm. Andere Produkte wie Miso oder Sojaprotein-Granulat (»Sojafleisch«) enthalten GOS, diese kann man in der Toleranzfindung testen. Beim Sojadrink kommt es auf die Herstellungsart an. Weil diese nicht immer bekannt ist, bleibt nur das Austesten verschiedener Sojadrinks und -joghurts.

Sprossen

Bis zum heutigen Zeitpunkt liegen keine Daten zum FODMAP-Gehalt von Sprossen aus den Samen von Zwiebeln, Kohl, Linsen oder Weizenkörnern vor. Soja-sprossen hat man als geeignet getestet. Es ist deshalb anzunehmen, dass sich einige der FODMAPs durch den Keimvorgang abbauen. Beachten Sie, dass Sprossen sehr keimanfällig sind. Keimlinge und Sprossen deshalb ganz frisch kaufen, kühl aufbewahren und innerhalb 1 bis 2 Tagen verzehren. Oder Sie informieren sich, worauf beim Keimen zu Hause in einem speziellen Keimgerät zu achten ist.

Auswärts essen

Schränken Sie an Tagen, an denen Sie auswärts essen, Ihre FODMAP-Aufnahme bei den übrigen Mahlzeiten stärker ein. Dadurch haben Sie bei den auswärtigen Mahlzeiten mehr Spielraum.

– Essen Sie von den FODMAP-reichen Lebensmit-teln nur kleine Mengen oder lassen Sie zum Bei-spiel die Sauce weg.
– Fragen Sie bezüglich der Zubereitung nach (Ver-wendung von Knoblauch, Zwiebeln).

Kantine
– Nehmen Sie etwas Geeignetes von zuhause mit.
– Bitten Sie den Küchenchef um ein Gespräch für Ihr Anliegen. Fragen Sie, ob es möglich ist, geeignete Menüs vorzubestellen.
– Stellen Sie sich Ihr Essen am Auswahl- oder Salatbuffet selbst mit geeigneten Komponenten zusammen. Anstelle einer fertigen Salatsauce nehmen Sie nur Essig, Öl, Salz und Pfeffer.

Restaurant
– Nehmen Sie sich Zeit für die Restaurantauswahl und schauen Sie sich die Speisekarte im Inter-net an. Gemäß der Lebensmittelgesetzgebung muss auch in der Gastronomie über Allergene informiert werden. Das bedeutet, dass Inhalts-stoffe wie Milch oder Gluten schriftlich auf der Speisekarte vermerkt sein müssen oder Sie eine zuverlässige mündliche Auskunft auf Anfrage erwarten dürfen.
– Notieren Sie sich auf einem kleinen Zettel ver-trägliche Nahrungsmittel. Dies ist für den Koch hilfreicher, als wenn Sie alles aufzählen, was nicht geht. Bitten Sie ihn, bei der Zubereitung keine Bouillon, Saucen, Würzen, Zwiebeln und Knoblauch zu verwenden. Erwähnen Sie auch, dass Spuren kein Problem sind.

Bei Familie und Freunden oder Anlässen
– Fragen Sie vorher nach dem Menü. Je nach Situ-ation können Sie kleine Änderungen oder Wün-sche einbringen (z. B. Grillfleisch ohne Marinade oder anstelle von Fondue lieber Raclette).
– Bieten Sie an, die Vorspeise oder das Dessert mitzubringen. Oder fragen Sie nach, ob Sie eigene verträgliche Menükomponenten für sich mitbringen dürfen.
– Lassen Sie ungeeignete Menükomponenten weg.
– Wenn Sie bereits im Vorfeld wissen, dass es für Sie wenig Geeignetes gibt, dann essen Sie vor-her zuhause schon etwas.

Häufige Fragen zum FODMAP-Konzept

Kann ich mit der FODMAP-reduzierten Ernährung abnehmen?

Nein, das Ziel der FODMAP-reduzierten Ernährung ist nicht, Gewicht zu verlieren. Wer unter dem Reizdarm-Syndrom leidet und Gewicht abnehmen möchte, kann aber davon profitieren, zuerst herauszufinden, was er gut verträgt.

Muss ich mein Leben lang FODMAP-arm essen?

Nein. Eine FODMAP-arme Ernährung ist nur für einen Zeitraum von vier bis sechs Wochen empfehlenswert. Sie dient lediglich dazu herauszufinden, ob FODMAPs bei Ihren Beschwerden eine Rolle spielen oder nicht.

Bekomme ich keinen Mangel an Vitaminen oder Mineralstoffen?

Nein. In der FODMAP-reduzierten Ernährung verzichtet man nur auf einzelne bestimmte Lebensmittel und lässt keine ganzen Lebensmittelgruppen weg. Sofern man die Mahlzeiten nach den Empfehlungen der Lebensmittelpyramide (Seite 11) zusammenstellt, ist eine ausreichende Versorgung mit allen Nährstoffen gewährleistet.

Ist es wichtig, eine warme Mahlzeit am Tag zu essen?

Ja und nein. Nein, weil nicht die Temperatur der Mahlzeit wichtig ist. Gekochtes kann man auch kalt essen. Solange die Mahlzeit richtig zusammengesetzt ist, spielt es also keine Rolle. Ja, weil die klassischen warmen Mahlzeiten meist ausgewogen zusammengesetzt sind. Außerdem nimmt man sich für eine warme Mahlzeit mehr Zeit, und eine gemeinsame Mahlzeit mit Arbeitskollegen, Freunden oder in der Familie hat eine nicht zu unterschätzende Bedeutung für das seelische Wohlbefinden.

Ich bin untergewichtig, verliere ich so nicht an Gewicht?

Nein, außer Sie essen insgesamt weniger oder ersetzen FODMAP-reiche Lebensmittel nicht durch FODMAP-arme. Grundsätzlich ist eine FODMAP-reduzierte Ernährung nicht kalorienreduziert. Insbesondere sind sämtliche Öle, Fleisch und Käse FODMAP-frei. Lassen Sie sich vom Arzt an eine Ernährungsfachperson überweisen, die Sie individuell beraten kann.

Kann ich das FODMAP-Konzept auch als Vegetarierin durchführen?

Ja, das ist kein Problem. Achten Sie darauf, dass Sie ausreichend Proteine zu sich nehmen. Das heißt, Fleisch bei den Mahlzeiten nicht einfach weglassen, sondern durch Milchprodukte, Eier und Tofu ersetzen. Für Veganer hingegen ist es schwierig, weil die FODMAP-reichen Hülsenfrüchte und Getreide die wichtigsten Proteinquellen sind. Lassen Sie sich von einer Ernährungsfachperson beraten, um eine ausreichende Nährstoffversorgung gewährleisten.

Warum gibt es im Internet unterschiedliche Angaben zum Gehalt an FODMAPs in Lebensmitteln?

Der FODMAP-Gehalt von pflanzlichen Lebensmitteln ist abhängig von der Sorte, den Wachstumsbedingungen, dem Reifegrad und der Lagerhaltung. So besteht nicht nur im Geschmack, sondern auch in Bezug auf die Zuckerarten ein Unterschied zwischen einer grün-gelben Banane und einer gelb-braunen Banane. Ein weiterer Grund sind neue Daten aufgrund weiterer Analysen des FODMAP-Gehalts. Die aktuellsten Daten finden Sie auf der Internetseite der Monash University beziehungsweise auf deren »Low FODMAP Diet App« (Seite 250).

FODMAP-reiche Lebensmittel wie Knoblauch, Vollkorn-brot und Hülsenfrüchte sind doch so gesund?

Ja, alle FODMAP-reichen Lebensmittel sind sehr gesund. Wer diese problemlos verträgt, soll sie auch unbedingt essen. Viele Betroffene mit Reiz-darm-Syndrom leiden unter Beschwerden, wenn sie zu viel davon essen. Ihnen hilft es, diese weg-zulassen oder nur in kleinen Mengen zu essen.

Ist es schädlich, wenn ich FODMAP-reiche Lebensmittel esse?

Nein. Sie fügen Ihrem Verdauungstrakt keinen Schaden zu. Die FODMAPs können jedoch Ihre Beschwerden auslösen.

Weshalb ist manches innerhalb einer Mahlzeit besser verträglich?

Eine Mango, auf leeren Magen gegessen, erreicht viel schneller den Dünndarm, als wenn man sie mit anderen Nahrungsmitteln zusammen isst. So gelangen auch unverdaute Bestandteile schneller in tiefere Abschnitte des Darms, wirken wasseran-ziehend und führen im Dickdarm zu verstärkter Gasproduktion.

Isst man die Mango als Dessert nach einer Mahl-zeit, erfolgt eine Durchmischung mit dem gesam-ten Speisebrei, der Fruchtzucker wird »verdünnt« und die Magenentleerung zieht sich über zwei bis drei Stunden hin. Der Verdauungstrakt hat mehr Zeit, den Fruchtzucker aufzunehmen.

Werde ich beschwerdefrei mit der FODMAP-reduzierten Ernährung?

Das FODMAP-Konzept kann das Reizdarm-Syn-drom nicht heilen, denn die Beschwerden haben unterschiedliche Ursachen. Die Ernährung ist nur eine davon. Aber zahlreiche Untersuchungen zei-gen, dass etwa zwei Drittel der Betroffenen mit dem FODMAP-Konzept weniger stark und weni-ger häufig unter ihren Beschwerden leiden.

Wie erkläre ich meiner Familie, was FODMAPs sind und weshalb diese bei mir Beschwerden auslösen?

Auf Youtube hat die Monash Universität einen kurzen Videoclip aufgeschaltet. In rund drei Minu-ten erklärt der Film auf einfache und verständli-che Weise, was man unter FODMAPs versteht und wie FODMAPs im Darm Symptome verursachen. Geben Sie unter Suche folgenden Videotitel ein: «Was sind FODMAPs und wie sie RDS-Symptome auslösen».

Weshalb muss ich zuerst strikt FODMAP-arm essen? Kann ich nicht einfach jene Lebensmittel meiden, die vermutlich Beschwerden verursachen?

Reizdarm-Betroffene reagieren unterschiedlich auf die verschiedenen FODMAPs. Deshalb ist es wich-tig, strukturiert, schrittweise und gezielt vorzu-gehen. Durch ein erstes «Ausschlussverfahren» (Eliminationsphase) lassen sich die Beschwerden auslösenden Lebensmittel ermitteln. In der zwei-ten Phase, der sogenannten Toleranzfindungs-phase findet man die verträgliche und tolerierbare Menge heraus. Ziel ist langfristig ausgewogen und gesund zu essen und dabei möglichst wenige oder keine Beschwerden zu haben.

Kann ich normales Dinkelbrot essen oder nur als Sauer-teigbrot?

Dinkel ist eine alte Form vom Weizen und besitzt einen geringen FODMAP-Gehalt. Dinkelprodukte lassen sich aber nicht generell als FODMAP-arm einstufen. Ein wichtiger Faktor ist die Herstellung und Verarbeitung. Ein traditionell hergestelltes Dinkel-Sauerteigbrot ist oft FODMAP-arm und deshalb auch in der Eliminationsphase erlaubt. Während der Sauerteigherstellung kommt es zu einer Fermentierung (Gärung), dabei bauen sich die Fruktane ab und der FODMAP-Gehalt reduziert sich.

Ist Fruchtzucker nur in Früchten enthalten oder gibt es noch andere fruchtzuckerhaltige Lebensmittel?

Fruchtzucker (Fruktose) findet sich natürlicherweise in frischen und getrockneten Früchten. Auch daraus hergestellte Säfte, Honig und kalorienreduzierte Süß- und Wellnessgetränke sowie fettreduzierte Milchprodukte («Lifestyle-Produkte») enthalten Fruchtzucker. Ebenso sind Süß- und Dessertweine fruchtzuckerreich. Größere Mengen Fruktose setzt man auch häufig in Spezialprodukten für Diabetiker ein.

Weshalb wird Haushaltszucker gut vertragen, Honig dagegen nicht?

Haushaltszucker (Saccharose) besteht aus den zwei Zuckerbausteinen Glukose und Fruktose. Dieser Zweifachzucker wird im Dünndarm gut abgebaut und resorbiert. Deshalb vertragen Reizdarm-Betroffene den Haushaltszucker (auch Roh-, Vollrohrzucker) problemlos. Nur größere Mengen, z. B. zu viel gezuckerte Softgetränke können Beschwerden verursachen. Honig dagegen besitzt einen hohen Fruktosegehalt. Das kann bei einem Reizdarm-Syndrom oder einer Fruktose-Unverträglichkeit zu den typischen Symptomen führen.

Wieso sind gewisse frische Früchte FODMAP-arm, aber in getrockneter Form FODMAP-reich?

Bestimmte frische Obstsorten enthalten wenige FODMAPs und werden deshalb als FODMAP-arm eingestuft, z. B. Banane, Ananas. Beim Trocknungsverfahren verliert die Frucht jedoch viel Wasser und der darin enthaltene Zucker konzentriert sich, sodass auch die darin enthaltenen FODMAPs in größerer Konzentration vorliegen. Bei Trockenfrüchten kommt es auf die verzehrte Menge an. Sehr kleine Mengen wie beispielsweise ein Esslöffel Rosinen gelten als FODMAP-arm und zwei Esslöffel davon als FODMAP-reich.

Wichtige Hinweise

Es ist nicht nötig, bestimmte Lebensmittel gänzlich vom Speiseplan zu verbannen. Auch sollten Sie Ihr Essen längerfristig nicht anhand von Listen oder Tabellen zusammenstellen. Vielmehr geht es darum herauszufinden, was Sie in welchen Mengen oder Kombinationen essen können, ohne unter Beschwerden zu leiden. Kleine Mengen der FODMAP-reichen Lebensmittel werden meist gut vertragen. Und wie erwähnt, spielt auch das emotionale Befinden eine wichtige Rolle. Bei manchen zeigt sich, dass sie in Stresssituationen empfindlicher sind und gewisse Lebensmittel meiden, die sie in entspannten Situationen problemlos essen können.

Seien Sie sich auch bewusst, dass FODMAPs nicht schädlich für Sie sind. Im Gegenteil, gewisse FODMAPs haben gesundheitliche Wirkungen auf den Darm. Deshalb ist ein flexibler und situationsgerechter Umgang mit den FODMAPs zu empfehlen. Ziel des Konzepts ist eine ausgewogene FODMAP-reduzierte Ernährung zur Symptomkontrolle ohne unnötige Einschränkung.

Erfahrungsberichte

Mann, 30 Jahre

Ich habe ein normales Körpergewicht und jogge einmal pro Woche. Seit einer Magen-Darm-Infektion vor 8 Jahren litt ich mehrmals täglich unter flüssigem Stuhlgang, zusätzlich hatte ich Bauchschmerzen und -krämpfe. Die Beschwerden traten oft phasenweise auf und nahmen mit den Jahren zu. Mein Hausarzt diagnostizierte ein Reizdarm-Syndrom und eine Laktoseintoleranz und empfahl mir eine Ernährungsberatung. Ich aß nur noch laktosearme Produkte. Dadurch ging es mir kurzfristig besser. Doch danach litt ich wieder jeden zweiten Tag an den erwähnten Beschwerden. Zu diesem Zeitpunkt bestand mein Frühstück aus zwei Scheiben Brot mit Butter und Konfitüre, zwischendurch gab es eine Frucht. Am Mittag wählte ich in der Kantine meist ein Pastagericht. Abends kochte ich mit meiner Partnerin oft Fisch oder Fleisch mit Couscous und Gemüse. Die Ernährungsberaterin informierte mich über das FOD-MAP-Konzept. Ich begann mit der Eliminationsphase und hatte tatsächlich nur noch vereinzelt Beschwerden. In der Toleranzfindungsphase testete ich nacheinander alle FODMAPs. Dies dauerte eine Weile, aber ich merkte schnell, dass ich Weizen nicht vertrage. Dinkelprodukte in kleinen Portionen hingegen kann ich problemlos essen. Zwiebeln, Knoblauch und Hülsenfrüchte machten immer Beschwerden, sodass ich inzwischen darauf verzichte. Auch Kaffee und fettreiche Speisen versuche ich zu vermeiden. Früchte und sogar Honig vertrage ich wiederum gut. Ich esse wieder normalen Joghurt und Käse, trinke aber nur laktosefreie Milch. Heute habe ich nur noch gelegentlich Beschwerden. Die FODMAP reduzierte Ernährung kann ich inzwischen gut managen. Teilweise esse ich aus Genuss FODMAP-reiche Lebensmittel und nehme die Beschwerden bewusst in Kauf.

Frau, 46 Jahre

Täglich war ich bereits am Morgen nach dem Aufstehen von sehr starken Blähungen und Bauchkrämpfen geplagt. Mein Stuhlgang war oft flockig, und ich verspürte sogar beim Jogging einen starken Stuhldrang und musste häufig die Toilette aufsuchen. Diese Beschwerden hatten vor einem Jahr angefangen. Ich aß zum Frühstück ein Flockenmüesli mit Joghurt und Nüssen und süßte mit Honig. Dazu trank ich ein Glas Smoothie. Das Mittagessen, meist Salat mit Käse und Brot, nahm ich von zuhause mit ins Büro. Abends kochte ich für die ganze Familie. Da ich vegetarisch esse, gab es für mich eine große Portion Gemüse mit etwas Reis oder Kartoffeln. Auch Hülsenfrüchte kochte ich in allen Variationen. Für meinen Mann und die Kinder kochte ich zusätzlich Fleisch. Über den Tag verteilt kamen noch mehrere Portionen Früchte und Rohkost dazu. Ich machte mir täglich einen großen Krug Kräutertee und süßte ihn mit Honig. Da mich die Beschwerden immer mehr störten, suchte ich meinen Hausarzt auf. Er schloss eine Zöliakie aus und schickte mich zur Ernährungsberaterin. Da ich gesund esse und auf viel Gemüse und Früchte achte, fand ich eine Ernährungsberatung eigentlich überflüssig. Aber in der ersten Beratung wurde mir zum ersten Mal bewusst, wie viel Nahrungsfasern und Fruktose ich über den Tag zu mir nahm. Ich reduzierte deshalb meinen Gemüse- und Früchtekonsum auf fünf Portionen pro Tag, aß mehr gekochtes Gemüse statt Rohkost, verzichtete auf Fruchtsäfte und süßte meinen Tee nicht mehr mit Honig. Zusätzlich achtete ich auf ausgewogene Mahlzeiten mit ausreichend vegetarischen Proteinlieferanten. Da ich gerne Tofu, Milchprodukte und Eier esse, ist das kein Problem. Meine Beschwerden gingen deutlich zurück. Ich bin teilweise immer noch etwas gebläht, fühle mich aber viel besser.

Mann, 37 Jahre

Ich bin in meiner Freizeit sehr aktiv, mache Berg- und Skitouren und gehe mehrmals pro Woche Biken. Meine Magen-Darm-Beschwerden waren mit der Zeit aber so stark, dass meine Lebensqualität zunehmend eingeschränkt war. So musste ich meine Aktivitäten reduzieren und alle sozialen Anlässe absagen. Nach einigen Tests bei einem Magen-Darm-Spezialisten stand die Diagnose Reizdarm-Syndrom fest, und mir wurde eine Ernährungsberatung empfohlen. Zu diesem Zeitpunkt litt ich seit sechs Jahren an Blähungen, Bauchkrämpfen, Übelkeit und explosionsartigem Durchfall. Ich hatte täglich Beschwerden, die am Morgen begannen und im Laufe des Tages intensiver wurden. Zum Frühstück aß ich mehrere Scheiben Brot mit Honig. Mittags aß ich im Restaurant oder kaufte mir schnell ein Sandwich. Zwischendurch gab es eine Frucht. Abends nach dem Sport war ich sehr hungrig und kochte mir eine große Portion Pasta mit einem Stück Fleisch. Während meiner Biketouren aß ich meist Dörrfrüchte, Früchteriegel und trank Sportlergetränke. Für einen frischen Atem kaute ich regelmäßig Kaugummi. Die Ernährungsberaterin klärte mich über das FODMAP-Konzept auf. Die Eliminationsphase war zu Beginn für mich schwierig, da ich bisher sehr viele weizenhaltige Produkte und andere FODMAP-reiche Lebensmittel konsumierte. Dies änderte sich, als meine Beschwerden nach ein paar Tagen stark nachließen und ich mich viel besser fühlte. Von da an war die Umstellung leicht! Es zeigte sich, dass ich GOS-haltige und laktosehaltige Lebensmittel ohne Probleme essen konnte. Allerdings reagierte ich stark auf polyolhaltige Kaugummis, auf fruktosehaltige Früchte und Honig. Auch Zwiebeln und Knoblauch meide ich. Einmal am Tag ist sogar eine Portion weizenhaltiges Brot oder Teigwaren wieder möglich. Mit diesen Einschränkungen habe ich inzwischen meine Beschwerden im Griff.

Frau, 24 Jahre

Ich leide seit meiner Kindheit an Magen-Darm-Beschwerden. Vor einigen Jahren stellte man eine Laktoseintoleranz fest. Seither esse ich laktosearm, und meine Beschwerden besserten sich teilweise. Bei einer Internetrecherche stieß ich auf das FODMAP-Konzept und las viel darüber. So begann ich mit der Eliminationsphase. Nach einer Woche hörte ich wieder auf. Ich hatte viele Fragen und war mir nicht sicher, was ich alternativ essen konnte. Deshalb bat ich meinen Hausarzt um eine Überweisung in eine Ernährungsberatung. Ich litt täglich an starken Blähungen und Bauchschmerzen, die bereits nach dem Frühstück auftraten. Auch gab es Phasen mit Verstopfung. Berufsbedingt reise ich viel in der Welt herum und habe eine hohe Stressbelastung. Ich aß zum Frühstück ein Müesli mit Früchten und laktosefreien Joghurt, mittags eine ausgewogene Mahlzeit oft mit Weizen und abends meistens Brot mit Rohkost und Käse. Zwischendurch verzehrte ich zwei Früchte und trank über den Tag verteilt ausreichend Wasser oder ungesüßten Tee. Auf Reisen sah meine Ernährung jedoch anders aus. Der regelmäßige Rhythmus fehlte, und oft war das Essen sehr fettreich. Die Eliminationsphase brachte nur wenig Besserung. Das »Ess-Beschwerde«-Protokoll zeigte deutlich, dass der Stress eine große Triggerfunktion hatte. Ein Zusammenhang mit spezifischen Lebensmitteln war nicht erkennbar. Die Ernährung spielte somit bei mir nur eine untergeordnete Rolle. In der Beratung waren eine ausgewogene Ernährung und ein besserer Umgang mit Stress wichtige Themen. Ich konnte mit etwas Glück den Job wechseln und dadurch den Stress minimieren. Die Beschwerden haben sich reduziert. Schlimm wird es nur noch bei hoher Stressbelastung und auf Reisen. Dafür verordnete mir der Arzt eine medikamentöse Therapie zur Stuhlregulation.

HINWEISE ZU DEN REZEPTEN

Allgemeines

Wo nicht anders erwähnt, sind die Rezepte jeweils für vier Personen berechnet, die Rezepte in den Kapiteln »Frühstücksideen« und »Take from home« für zwei Personen. Bei Bedarf lassen sich so die Zutatenmengen in sämtlichen Rezepten sehr einfach halbieren oder verdoppeln.

Die angegebenen Portionsgrößen sind für Erwachsene berechnet und entsprechen den empfohlenen Mengen der Ernährungspyramide (Seite 11). Je nach Energiebedarf (abhängig von Alter, Geschlecht, Größe, körperlicher Aktivität) kann man die Portionsgrößen anpassen.

Varianten, Tipps und Hinweise

Um eine möglichst große Rezeptauswahl und Menüzusammenstellung im Sinne des Tellermodells (siehe Seite 28) zu bieten, sind bei den Rezepten häufig Beilagen und Varianten erwähnt.

Die meisten Rezepte sind FODMAP-arm. Vielfach sind auch FODMAP-reduzierte Varianten ergänzt. Eine FODMAP-arme Ernährung ist nur während der Eliminationsphase zu empfehlen, Sie sollten sie nicht langfristig durchführen. Für die FODMAP-reduzierte Ernährung können Sie die FODMAP-armen Komponenten durch Lebensmittel mit einem mittleren Gehalt oder – je nach Verträglichkeit – durch FODMAP-reiche Lebensmittel ersetzen (siehe dazu Tabelle auf Seite 240ff.). Zur einfachen Orientierung sind sämtliche Rezepte durch die entsprechende Farbe gekennzeichnet: **Grün = FODMAP-arm**, Orange = FODMAP-reduziert.

Einkaufs- und Küchenorganisation

Die in den Rezepten verwendeten Zutaten sind in Supermärkten und Lebensmittelfachgeschäften sowie einige im Reformfachhandel erhältlich. Planen Sie Ihre Menüs im Voraus, machen Sie sich eine Einkaufsliste und überlegen Sie, wann Sie was benötigen. Kaufen Sie Gemüse und Früchte offen und nicht abgepackt. So können Sie die gewünschte, auch sehr kleine Menge selbst bestimmen. Organisieren Sie Ihren Einkauf und die Menüs so, dass Sie frisches Gemüse und Obst innerhalb kurzer Zeit auch aufbrauchen können. Achten Sie beim Kauf von Fertigprodukten auf die Zutatenliste. Oft enthalten diese Produkte ungeeignete Zutaten, wie zum Beispiel Zwiebel oder Knoblauch oder andere FODMAP-reiche Zutaten.

Eine gute Vorbereitung (Mise en Place) in der Küche spart Zeit und erleichtert die Arbeit beim Kochen. Legen Sie alle Zutaten bereit, die Sie für die Zubereitung benötigen. Planen Sie auch im Voraus, manches lässt sich beispielsweise schon am Vorabend für den nächsten Tag vorbereiten.

Wer selbst kocht, kann sich die Arbeit mit zweckmäßigen Küchengeräten sehr erleichtern. So sind Arbeitsgeräte wie eine digitale Küchenwaage und ein leistungsstarkes Handrührgerät oder eine Küchenmaschine mit Zubehör sehr hilfreich. Um vitaminschonend und fettarm zu kochen, empfehlen sich zudem qualitativ gute Koch- und Bratpfannen.

Laktosehaltige Milchprodukte

In den Rezepten kommen nur Milchprodukte zur Anwendung, die sehr geringe Mengen (< 1 g Laktose pro Portion) enthalten oder die auch laktosefrei erhältlich sind. Wenn Sie Laktose nicht vertragen, ersetzen Sie in den Rezepten die Milchprodukte durch laktosefreie Spezialprodukte. Wenn Sie Laktose vertragen, können Sie die normalen Produkte verwenden.

Zwiebeln, Knoblauch & Co.

Wer auf den Zwiebelgeschmack nicht verzichten möchte, kann als Ersatz für ganze Zwiebeln die grünen Stängel von Frühlingszwiebeln (Bundzwiebeln) verwenden. Dieser Teil der Frühlingszwiebel und auch Schnittlauch sind FODMAP-arm und werden in kleinen Mengen von den meisten vertragen.

Um den Gerichten einen Zwiebel- oder Knoblauchgeschmack zu geben, kann man auch Zwiebel-

oder Knoblauchstücke in einer Pfanne in Öl andünsten. Danach herausnehmen und wegwerfen, bevor man zum Beispiel Fleisch darin anbrät oder Gemüse darin andünstet. Auch so geht das gewünschte Aroma ins Öl über, ohne die FODMAPs herauszulösen.

Weil FODMAPs wasser-, aber nicht fettlöslich sind, ist es möglich, Knoblauch- und Zwiebelöl selbst herzustellen. Da die Zubereitung einfach und schnell geht, lassen sich solche Öle bei Bedarf immer wieder frisch herstellen. Von gekauftem Zwiebel- und Knoblauchöl ist abzuraten, da darin Zwiebeln oder Knoblauchrückstände enthalten sein können.

Zwiebel- und Knoblauchöl selbst gemacht

Zwiebelöl:
100 ml kaltgepresstes, mildes Olivenöl und 40 g grob gehackte Zwiebeln in einer kleinen Pfanne auf kleinster (!) Stufe 3 bis 4 Minuten leicht erwärmen. Das Öl durch ein Sieb in eine kleine Flasche abgießen und die Zwiebeln wegwerfen. Öl abkühlen lassen und im Kühlschrank aufbewahren. Innerhalb von 14 Tagen aufbrauchen.

Knoblauchöl:
100 ml kaltgepresstes, mildes Olivenöl und 30 g geschälte und grob gehackte Knoblauchzehen in einer kleinen Pfanne auf kleinster (!) Stufe 3 bis 4 Minuten leicht erwärmen. Das Öl durch ein Sieb in eine kleine Flasche abgießen und die Knoblauchstücke wegwerfen. Öl abkühlen lassen und im Kühlschrank aufbewahren. Innerhalb von 14 Tagen aufbrauchen.
Variante: Zusätzlich Rosmarin- oder Thymianzweige in die Flasche geben.

Bouillon, Streuwürze & Co.

Bouillons, Streuwürzen und ähnliche Produkte enthalten häufig FODMAPs. Würzen Sie deshalb mit Salz, Pfeffer, Muskatnuss, frischen oder getrockneten Kräutern und anderen Gewürzen. Vermeiden Sie sehr scharfe Gewürze wie Cayenne, Chili oder scharfe Currymischungen. Verwenden Sie dafür großzügig Kräuter wie Petersilie, Basilikum, Thymian, Rosmarin, Oregano, Majoran, Kerbel, Dill, Estragon und andere Küchenkräuter, die jedem Gericht eine besondere Würznote verleihen. Frische Kräuter kann man auf dem Balkon oder im eigenen Garten leicht selber ziehen. Auch tiefgekühlte Kräuter sind empfehlenswert und so jederzeit schnell griffbereit. Sogar zarte Kräuterblätter wie Basilikum lassen sich einfrieren und zum Beispiel am Ende des Kochvorgangs den Saucen und Gerichten zufügen.

Fisch mit Güte-Label

Fisch ist ein wertvoller Proteinlieferant und gilt als gesunde Alternative zu Fleisch, deshalb finden sich im Buch auch Fischrezepte. Aufgrund der Überfischung der Meere und aus ökologischen Gründen empfiehlt sich jedoch ein zurückhaltender Umgang mit Meeresfisch. Kaufen Sie vorzugsweise Fisch und Fischprodukte aus nicht bedrohten Beständen und achten Sie beim Kauf auf zertifizierte Bio- und Umweltsiegel für nachhaltigen, ökologischen Fischfang.

Bei Wildfisch gibt Ihnen das Siegel MSC (Marine Stewardship Council) einen Hinweis auf nachhaltige Fischerei. Für Fisch aus Zuchten sind beispielsweise die Gütesiegel von Bio Suisse (Knospe), Bioland und Naturland sowie ASC (Aquaculture Stewardship Council) empfehlenswert. Einheimische Süßwasserfische aus Binnengewässern sind ebenfalls eine ökologisch vertretbare Alternative zu Meeresfisch.

Süßen ja, aber anders

Süßen Sie so sparsam wie möglich und nur so viel wie nötig. Natürliche Süßmittel wie Honig, Birnendicksaft (Birnel), Apfeldicksaft und Agavensirup, aber auch Fruchtzucker sind FODMAP-reich und deshalb zu meiden. Haushaltszucker, Rohzucker, Rohrzucker, Kandiszucker, Ahornsirup und Reissirup sind dagegen FODMAP-arm und geeignet.

Zur einfachen Orientierung sind sämtliche Rezepte durch die entsprechende Farbe gekennzeichnet:
Grün = FODMAP-arm
Orange = FODMAP-reduziert

FRÜHSTÜCK

SCHWUNGVOLLER AUFTAKT AM MORGEN

SMOOTHIES, SHAKES & CO.

Himbeer-Bananen-Smoothie

Für 2 Personen
Zubereitung: 10 Minuten

> 1 Banane
> 100 g frische Himbeeren
> 400 ml laktosefreie Milch
> 1 EL Bourbon-Vanillezucker nach Belieben

Die Banane schälen, klein schneiden und zusammen mit den Himbeeren, der Milch und nach Belieben dem Vanillezucker in einem hohen Gefäß mit dem Pürierstab pürieren oder im Mixer kurz durchmixen.

Kiwi-Ananas-Smoothie

Für 2 Personen
Zubereitung. 10 Minuten

> 1 grüne Kiwi
> 1 kleine Banane
> 150 g frische Ananas
> 1 EL frisch gepresster Zitronensaft
> 4–5 Blätter Pfefferminze
> ca. 100 ml Wasser

Die Kiwi und die Banane schälen und klein schneiden. Das frische Ananasfruchtfleisch in kleine Würfelchen schneiden. Alle Fruchtstücke zusammen mit Zitronensaft und fein geschnittenen Minzblättern in einem hohen Gefäß mit dem Pürierstab fein pürieren. So viel Wasser beifügen, bis der Smoothie die gewünschte Konsistenz hat.

Beeren-Shake

Für 2 Personen
Zubereitung: 5 Minuten

> 100 g Erdbeeren
> 100 g Heidelbeeren
> 400 ml Reisgetränk (Reisdrink)
> 1 EL Bourbon-Vanillezucker nach Belieben

Die Beeren klein schneiden. Zusammen mit dem Reisgetränk und nach Belieben mit dem Vanillezucker in einem hohen Gefäß mit dem Pürierstab pürieren oder im Mixer kurz durchmixen.

Bananen-Orangen-Joghurt-Shake

Für 2 Personen
Zubereitung: 5 Minuten

> 1 Banane
> 100 ml frisch gepresster Orangensaft
> 300 ml laktosefreier Joghurt

Die Banane schälen und klein schneiden. Mit dem Orangensaft und dem Joghurt in einem hohen Gefäß mit dem Pürierstab pürieren oder im Mixer kurz durchmixen.

Cornflakes-Knuspermüesli

Für 2 Personen
Zubereitung: 10 Minuten
Quellen: 5 Minuten

> 80 g feine Haferflocken
> ca. 150 ml Wasser
> 250 g laktosefreier Quark
> Ahornsirup oder Zucker
> 1 Banane
> 40 g Cornflakes
> 1 gelbe Kiwi (siehe Hinweis)

Die Haferflocken mit Wasser und Quark verrühren und nach Bedarf mit Ahornsirup oder Zucker süßen. 5 Minuten zugedeckt quellen lassen.

Die Banane schälen und in kleine Würfelchen schneiden. Die Cornflakes grob zerbröseln. Beides unter das Müesli mischen.

Die Kiwi schälen, halbieren, in Scheiben schneiden und untermischen. Sofort genießen.

Hinweis

Milchspeisen können in Kombination mit rohen Kiwis bitter schmecken. Grund dafür sind die in der Kiwi enthaltenen Enzyme, die das Eiweiß in Milchprodukten wie Quark, Joghurt, Rahm spalten. Im Vergleich zu grünen Kiwis enthalten gelbe Kiwis (Sorte Golden) viel weniger Enzyme.

Variante (FODMAP-arm)

Die Hälfte der Haferflocken durch Hirseflocken ersetzen.

Flockenmüesli mit Himbeeren und Kernen

Für 2 Personen
Zubereitung: 10 Minuten
Quellen: 5–10 Minuten

> 2 EL Sonnenblumenkerne
> 1 Banane
> 360 g laktosefreier Quark (oder Joghurt)
> 50 g feine Haferflocken
> 40 g Hirseflocken
> 100 ml Wasser
> 100 g Himbeeren
> Zucker oder Ahornsirup nach Bedarf

Die Sonnenblumenkerne in einer Bratpfanne ohne Fettzugabe rösten, bis sie fein duften. Abkühlen lassen.

Die Banane schälen, mit einer Gabel fein zerdrücken und mit dem Quark (oder Joghurt) gut vermengen. Haferflocken, Hirseflocken und Wasser beigeben und verrühren. 5 bis 10 Minuten quellen lassen.

Die Himbeeren vorsichtig untermischen. Nach Bedarf mit wenig Zucker oder Ahornsirup süßen. Die gerösteten Sonnenblumenkerne über das Müesli streuen.

Tipps

– Wenn keine frischen Himbeeren erhältlich sind, tiefgekühlte ungezuckerte Beeren verwenden und über Nacht im Kühlschrank auftauen lassen.
– Zusätzlich 2 EL Quinoa-Pops natur (ungezuckert) daruntermischen.

Gemüse-Omelett mit Schinken

Für 2 Personen
Zubereitung: 15 Minuten
Ausbacken: 5–8 Minuten

75 g Karotten
35 g tiefgekühlte feine Erbsen
4 frische Eier
50 g Schinkenwürfel
2 EL fein geschnittene glattblättrige Petersilie
¼ TL Salz, Pfeffer aus der Mühle
2 EL Olivenöl zum Ausbacken

Die Karotten schälen und in sehr kleine, etwa erbsengroße Würfel schneiden. Mit den Erbsen in wenig Wasser in einem kleinen Topf zugedeckt knapp weich dünsten. Es sollte keine Garflüssigkeit übrig bleiben.

Die Eier in einer Schüssel mit dem Schneebesen kräftig verrühren. Karottenwürfel, Erbsen, Schinkenwürfel und Petersilie beifügen. Mit Salz und wenig Pfeffer würzen.

Das Olivenöl in einer beschichteten Bratpfanne nur leicht erhitzen. Die Gemüse-Eier-Masse hineingeben und zugedeckt bei geringer Temperatur etwa 5 bis 8 Minuten langsam stocken (fest werden) lassen.

Das Omelett sollte außen nur leicht angebraten und innen noch etwas feucht sein. Sofort heiß servieren.

Tipp
Das Omelett nicht bei zu hoher Temperatur ausbacken, sondern zugedeckt nur stocken lassen. Eventuell das Omelett für die letzten 2 Minuten mit einer Bratschaufel oder mithilfe des Pfannendeckels oder eines flachen Tellers sehr vorsichtig wenden.

Variante (FODMAP-arm)
Karotten und Erbsen durch kleine Zucchiniwürfelchen ersetzen. Diese zuerst in der Bratpfanne kurz dünsten, leicht salzen und dann die Eiermasse dazugeben.

Crêpes mit Schnittlauchquark

Für 2 Personen
Zubereitung: 20 Minuten
Quellen: 30 Minuten

TEIG
150 ml laktosefreie Milch
150 ml Mineralwasser mit Kohlensäure
1 EL Olivenöl
3 Eier
50 g Dinkelmehl
50 g Buchweizenmehl
½ TL Salz
wenig Öl zum Ausbacken

SCHNITTLAUCHQUARK
250 g laktosefreier Quark
½ Bund Schnittlauch, fein geschnitten
Salz, Pfeffer aus der Mühle

Für den Teig Milch, Mineralwasser, Öl und Eier kräftig verrühren. Die beiden Mehlsorten und das Salz beifügen und zu einem glatten Teig rühren. Zugedeckt 30 Minuten stehen lassen.

In einer beschichteten Bratpfanne wenig Öl erhitzen. Aus dem Teig bei mittlerer Temperatur etwa 4 dünne Crêpes ausbacken. Für jede weitere Crêpe nochmals einige Tropfen Öl in die Pfanne geben. Erst wenden, wenn sich die Crêpe beim Schütteln der Pfanne vom Boden löst.

Quark und Schnittlauch verrühren, mit Salz und Pfeffer würzen. Auf die Crêpes verteilen und einrollen.

Variante
Zusätzlich auf den Schnittlauchquark eine sehr dünne Tomatenscheibe und eine Scheibe Schinken legen und die Crêpes zusammenfalten.

Variante (FODMAP-arm)
Mit Maiscrêpes (siehe Seite 146) zubereiten.

Omelett mit Cherrytomaten

Für 2 Personen
Zubereitung: 10 Minuten

4 Eier
4 EL laktosefreier Rahm
6 Cherrytomaten
2–3 Blätter Basilikum
etwas Bratbutter
¼ TL Salz, wenig Pfeffer aus der Mühle

Die Eier und den Rahm in einer Schüssel sehr gut verrühren.

Die Cherrytomaten vierteln, das Basilikum sehr fein schneiden. In einer beschichteten Bratpfanne wenig Bratbutter erhitzen. Die Cherrytomaten hineingeben, mit Salz und Pfeffer würzen und das Basilikum dazugeben. 1 bis 2 Minuten unter Schütteln der Pfanne andünsten, dann die Eier-Rahm-Mischung auf einmal hineingießen.

Bei geringer Temperatur etwa 2 Minuten braten, bis die Eiermasse am Rand zu stocken beginnt, das heißt leicht fest wird. Mit einer Bratschaufel die Eiermasse von außen in die Mitte schieben, bis die ganze Masse gestockt (fest) ist.

Das Omelett sofort heiß servieren.

Rührei mit Schnittlauch

Für 2 Personen
Zubereitung: 10 Minuten

4 frische Eier
50 ml laktosefreier Rahm
wenig Butter
¼ TL Salz, wenig weißer Pfeffer
½ Bund Schnittlauch

Die Eier in einer Schüssel mit dem Schneebesen kräftig verrühren. Den Rahm unterrühren.

In einer beschichteten Bratpfanne wenig Butter erhitzen. Die Eiermasse hineingießen. Mit Salz und Pfeffer würzen. Bei geringer Temperatur mithilfe einer Bratschaufel hin und her schieben, bis die Masse leicht stockt, das heißt leicht fest wird. Die Pfanne vom Herd ziehen und die Masse vollständig stocken lassen.

Mit fein geschnittenem Schnittlauch bestreuen. Sofort heiß servieren.

Tipp für ein perfektes Rührei

Für ein luftiges Rührei braucht es Geduld und eine niedrige Temperatur. Rahm macht das Rührei schön cremig und »fluffig«. Durch eine zu hohe Temperatur und zu starkes Rühren wird das Rührei trocken und krümelig.

Variante (FODMAP-reduziert)

Pro Person eine Scheibe Dinkelbrot (Rezept Seite 57) toasten, das Rührei darauf verteilen und heiß servieren.

Dinkel-Kastenbrot

Für eine Kastenform von 30 cm Länge
Zubereitung: 20 Minuten
Teigruhe: 1½ Stunden
Backen: 30 Minuten

> 300 g Dinkelweißmehl
> 200 g Dinkelvollkornmehl
> ½ EL Salz (12 g)
> 20 g Frischhefe
> 1 TL Zucker
> 350 ml lauwarmes Wasser

Die beiden Mehlsorten und das Salz in einer großen Schüssel vermischen. In der Mitte eine Mulde formen.

Hefe und Zucker zum lauwarmen Wasser geben und darin auflösen. In die Mehlmulde gießen und alles zu einem Teig vermengen. Den Teig von Hand mindestens 10 Minuten kräftig durchkneten (mit der Küchenmaschine etwa 5 Minuten).

Den Teig zu einer Kugel formen und mit Wasser befeuchten. Zugedeckt an einem warmen Ort auf das doppelte Volumen aufgehen lassen.

Die Arbeitsfläche mit wenig Mehl bestäuben und den Teig nochmals gut durchkneten. Zu einem länglichen Brotlaib formen und in eine mit Backpapier ausgelegte längliche Backform (30 cm) legen. Mit Wasser bestreichen und nochmals 30 Minuten gehen lassen.

Das Kastenbrot im vorgeheizten Backofen bei 200 Grad etwa 30 Minuten backen. Das Brot ist fertig gebacken, wenn es beim Klopfen mit der flachen Hand auf die Unterseite hohl klingt.

Das Brot aus der Form nehmen, auf ein Kuchengitter legen und mit einem Tuch abdecken. So behält es seine Feuchtigkeit und bleibt länger frisch.

Varianten

– Nach Belieben etwa 4 Esslöffel Sonnenblumenkerne, Kürbiskerne oder Sesam in den Teig einarbeiten.
– Für Dinkelbrötchen verkürzt sich die Backzeit um etwa 10 Minuten, je nach Größe der Brötchen. Die Brötchen lassen sich auch tiefkühlen.

Tipp

Eine mit Wasser gefüllte Schale in den Ofen stellen. Die Feuchtigkeit verhindert eine zu schnelle Krustenbildung, und das Brot kann so beim Backen noch besser aufgehen. Man kann stattdessen auch während des Backens das Brot gelegentlich mit etwas Wasser besprühen oder die entsprechende Einstellung bei Backöfen mit Steam-Funktion benutzen.

Dinkeltoast mit Räucherlachs und Frischkäse-Dill-Creme

Für 2 Personen
Zubereitung: 10 Minuten

> 120 g laktosefreier Frischkäse
> 2 EL fein geschnittener Dill
> Salz, Pfeffer aus der Mühle
> 4 Scheiben Dinkel-Kastenbrot (Rezept Seite 57)
> 4 Scheiben geräucherter Lachs
> 2 EL Kapern
> 2 Zitronenschnitze nach Belieben

Frischkäse und Dill vermengen und mit Salz und Pfeffer würzen.

Die Brotscheiben toasten, mit Frischkäse-Dill-Creme bestreichen, Räucherlachsscheiben darauflegen und Kapern darüber verteilen. Nach Belieben auf jeden Lachstoast einen Zitronenschnitz legen.

Maistaler mit Kräuterfrischkäse

Für 8 Stück
Zubereitung: 20 Minuten
Teigruhe: 10 Minuten

> **MAISTALER**
> 150 g Maismehl
> 150 ml Wasser
> 1 EL Olivenöl
> 1½ TL Salz
> wenig Olivenöl zum Ausbacken

> **KRÄUTERFRISCHKÄSE**
> 1 Handvoll frische Kräuter (z. B. Basilikum, Petersilie, Schnittlauch, Kerbel)
> 250 g laktosefreier Frischkäse
> Salz, Pfeffer aus der Mühle

Maismehl, Wasser, Öl und Salz in einer kleinen Schüssel mit einem Schneebesen kräftig verrühren und etwa 10 Minuten ruhen lassen.

Mit einem Eisportionierer 8 kleine Kugeln von der Masse abstechen. Wenig Öl in einer beschichteten Bratpfanne leicht erhitzen, die Maiskugeln hineingeben, flach drücken (1 cm dick) und den Rand schön formen. Bei mittlerer Temperatur auf beiden Seiten goldgelb ausbacken.

Inzwischen die Kräuter fein schneiden und mit dem Frischkäse vermengen. Mit Salz und Pfeffer würzen. Die warmen Maistaler mit dem Kräuterfrischkäse servieren.

Tipp
Die Maistaler schmecken frisch und warm am besten.

Rösti mit Spiegelei

Für 2 Personen
Zubereitung: 35 Minuten

> 400 g in der Schale gekochte Kartoffeln
>   vom Vortag
> Bratbutter zum Ausbacken
> Salz
>
> 4 kleine Eier
> Pfeffer aus der Mühle

Die Kartoffeln schälen und grob reiben. Wenig Bratbutter in einer Bratpfanne nicht zu stark erhitzen. Die Kartoffeln hineingeben und salzen. Zu einem runden Kuchen formen und zugedeckt bei niedriger Temperatur etwa 15 Minuten backen.

Zum Wenden einen flachen Teller auf die Rösti legen und diese auf den Teller stürzen. Nochmals wenig Bratbutter in die Pfanne geben und die Rösti vorsichtig wieder in die Pfanne gleiten lassen. Leicht salzen und weitere 10 bis 15 Minuten fertig backen.

In einer zweiten Bratpfanne wenig Bratbutter schmelzen, die Eier einzeln in die Pfanne aufschlagen und etwa 5 Minuten bei nicht zu hoher Temperatur braten, mit wenig Salz und Pfeffer würzen.

Die Rösti mit den Spiegeleiern auf vorgewärmten Tellern anrichten.

Tipp
Statt Spiegeleier einen Gurken- oder Schnittlauchquark zur Rösti reichen (siehe Seite 55, 108).

Frittata mit Karotten

Für 2 Personen
Zubereitung: 12 Minuten

> 4 Eier
> 1 große Karotte (120 g)
> 2 EL fein geschnittene glattblättrige Petersilie
> 100 ml laktosefreie Milch
> 1–2 EL Parmesan, gerieben
> Salz, Pfeffer aus der Mühle, frisch geriebene
>   Muskatnuss
> Olivenöl zum Ausbacken

Die Eier mit dem Schneebesen kräftig verrühren. Die Karotte schälen, fein reiben und zusammen mit der Petersilie zu den Eiern geben. Milch und Käse darunterrühren. Mit Salz, Pfeffer und Muskatnuss abschmecken.

In einer kleinen beschichteten Bratpfanne genügend Olivenöl leicht erhitzen und die Eiermasse hineingeben. Bei niedriger Temperatur etwa 5 Minuten langsam stocken, das heißt fest werden lassen. Sobald die Masse am Pfannenrand fest wird, zudecken und noch einige Minuten fertig stocken lassen.

Tipps
– Die Frittata schmeckt warm oder auch kalt ausgezeichnet.
– Die Frittata sollte außen goldbraun gebraten und innen noch etwas feucht sein. Dies braucht zu Beginn etwas Übung, gelingt aber leicht mit einer guten Pfanne und der richtigen Brattemperatur. Die Frittata lässt sich auch auf einem gefetteten, runden Blech oder in einer flachen Gratinform im Backofen ausbacken.
– Karotte durch Zucchini ersetzen, diese grob reiben und unter die Eiermasse mischen.

Schnelle Joghurtcreme mit Quinoa-Pops

Für 2 Personen
Zubereitung: 3 Minuten

> 1 kleine Banane
> 2 Kiwis (siehe Hinweis Seite 52)
> 360 g laktosefreier Joghurt
> 2 EL Quinoa-Pops natur (siehe Hinweis)

Banane und Kiwis schälen und in kleine Würfel schneiden. Mit dem Joghurt vermengen. Die Quinoa-Pops daruntermischen.

Variante
Die Kiwis durch eine Handvoll Erdbeeren, Himbeeren oder Heidelbeeren ersetzen (maximal 100 g).

Knusper-Pops
Für knusprige Quinoa-Pops 1 Esslöffel Zucker in einer kleinen beschichteten Bratpfanne erhitzen, bis er flüssig wird und karamellisiert. Die Pfanne sofort von der Herdplatte ziehen und 2 Esslöffel Quinoa-Pops natur einrühren. Erkalten lassen und unter die Joghurtcreme mischen.

Hinweis
Ungesüßte Quinoa-Pops natur sind im Reformfachhandel (z. B. von Swipala oder Werz) und in Lebensmittelgeschäften erhältlich. Achtung: Gesüßte Quinoa-Pops sind meist mit Honig gesüßt und nicht FODMAP-arm.

Warme Hirsecreme mit Bananen

Für 2 Personen
Zubereitung: 20 Minuten

> 1 mittelgroße Banane
> 400 ml laktosefreie Milch
> 300 ml Wasser
> 100 g feine Hirseflocken
> 2 TL Vanillezucker
> 30 g fein gehackte Haselnüsse
> Zucker nach Bedarf

Die Banane schälen und in kleine Würfel schneiden.

Milch und Wasser in einem kleinen Topf aufkochen. Die Hirseflocken und den Vanillezucker einrühren und die Herdplatte ausschalten. Die Bananenwürfel dazugeben und gelegentlich umrühren, solange es noch leicht köchelt. Anschließend zugedeckt 5 bis 10 Minuten auf der noch warmen Herdplatte quellen lassen.

Die Haselnüsse in einer beschichteten Bratpfanne ohne Fettzugabe leicht rösten, bis sie fein duften. Unter die Hirsecreme mischen. Nach Bedarf mit wenig Zucker süßen.

Porridge (Grundrezept)

Für 2 Personen
Zubereitung: 5–10 Minuten

100 g feine Haferflocken
ca. 200 ml laktosefreie Milch oder Wasser oder
Milchwasser (²⁄₃ Milch, ¹⁄₃ Wasser)
1 Prise Salz

Die Haferflocken in einer kleinen Pfanne etwa 1 Minute anrösten, bis sie fein duften.

Die Milch (oder Wasser bzw. Milchwasser) dazugießen, das Salz beifügen und kurz aufkochen, danach die Temperatur sofort herunterschalten und bei geringer Temperatur 1 bis 2 Minuten köcheln lassen. Von der Herdplatte ziehen und weitere 5 Minuten quellen lassen.

Für die gewünschte Konsistenz eventuell mehr Milch (oder Wasser) unterrühren.

Süße Varianten:

– Früchte wie Heidelbeeren, Himbeeren, Banane, Rhabarber untermischen.
– Mit Vanillezucker, Zimt oder Kardamom abschmecken.
– Nach Belieben zusätzlich laktosefreien Joghurt oder Quark unterrühren.
– Zum Süßen eignen sich (Roh-)Zucker oder Ahornsirup sowie Konfitüre (aus FODMAP-armen Früchten).

Pikante Varianten:

– Wenig gedämpftes, klein geschnittenes Gemüse wie Karotten, rote Peperoni (Paprika), Spinat, Zucchini, Kürbis (Sorte Hokkaido) oder frische Tomatenwürfelchen daruntermischen.
– Mit frischen Kräutern (Schnittlauch, Petersilie, Basilikum, Thymian u. a.) würzen.
– Nach Belieben zusätzlich geriebenen Hartkäse (Parmesan, Sbrinz), Feta oder laktosefreien Hüttenkäse untermischen.

Süßer Kürbis-Porridge

Für 2 Personen
Zubereitung: 10–15 Minuten

100 g Kürbis (Sorte Hokkaido)
½ TL Butter
100 g feine Haferflocken
250 ml laktosefreie Milch oder Wasser oder
    Milchwasser (⅔ Milch, ⅓ Wasser)
1 Prise Salz
1 EL Ahornsirup oder Rohzucker
je 1 Prise Zimt-, Nelken- und Ingwerpulver
2 EL Pekannüsse

Den Kürbis in kleine Würfel schneiden. Die Butter in einer kleinen Pfanne erwärmen, die Kürbiswürfel beifügen und leicht andünsten.

Die Haferflocken beifügen und mit der Milch (oder Wasser bzw. Milchwasser) aufgießen, das Salz beifügen und kurz aufkochen. Bei geringer Temperatur etwa 5 Minuten unter gelegentlichem Rühren köcheln lassen, bis ein cremiger Brei entstanden ist.

Für die gewünschte Konsistenz eventuell mehr Milch (oder Wasser) darunterrühren.

Am Schluss mit dem Ahornsirup (oder Rohzucker) süßen und mit den Gewürzen abschmecken. Die Pekannüsse klein hacken und zum Servieren über den Porridge streuen.

Heidelbeer-Porridge

Für 2 Personen
Zubereitung: 10–15 Minuten

100 g feine Haferflocken
etwa 200 ml Wasser
1 Prise Salz
250 g Heidelbeeren
250 g laktosefreier Quark
1 EL Ahornsirup zum Süßen
2 EL Sonnenblumenkerne nach Belieben

Die Haferflocken in einer kleinen Pfanne etwa 1 Minute anrösten, bis sie fein duften.

Das Wasser dazugießen, das Salz beifügen und kurz aufkochen, danach sofort die Temperatur herunterschalten und bei geringer Temperatur 1 bis 2 Minuten köcheln lassen. Von der Herdplatte ziehen und weitere 5 Minuten quellen lassen.

Die Heidelbeeren mit dem Quark daruntermischen. Für die gewünschte Konsistenz eventuell mehr Wasser unterrühren. Den Porridge nach Bedarf mit Ahornsirup süßen.

Nach Belieben Sonnenblumenkerne in einer Bratpfanne ohne Fettzugabe rösten und darüberstreuen.

Pancakes mit Ahornsirup und Heidelbeeren

Für 2 Personen
Zubereitung: 30 Minuten
Teigruhe: 15 Minuten

2 Eier
250 ml laktosefreie Milch
2 EL flüssige Butter
100 g Dinkelmehl
1 TL Backpulver
½ TL Salz
Bratbutter zum Ausbacken
Ahornsirup nach Bedarf (siehe Produkthinweis)
100 g Heidelbeeren

Eier, Milch und Butter mit dem Schneebesen kräftig verrühren. Mehl, Backpulver und Salz darunterrühren. Etwa 15 Minuten zugedeckt stehen lassen.

Für jeden Pancake wenig Bratbutter in einer beschichteten Bratpfanne erwärmen. Den Teig nochmals durchrühren und 2 Esslöffel Teig in die Pfanne geben. Bei milder Temperatur etwa 3 Minuten ausbacken. Sobald sich die Pancakes vom Pfannenboden lösen, vorsichtig wenden und noch etwa 1 Minute weiterbacken.

Die fertig gebackenen Pancakes mit wenig Ahornsirup übergießen und mit einigen Heidelbeeren garniert servieren.

Variante (FODMAP-arm)
Dinkelmehl durch Maismehl ersetzen.

Varianten
– Die Heidelbeeren durch eine Banane ersetzen. Diese der Länge nach halbieren und in wenig Butter leicht braten.
– Oder marinierte Beeren verwenden (siehe Seite 210).

Produkthinweis
Ahornsirup ist ein dünnflüssiger Sirup aus dem Saft des nordamerikanischen Zuckerahorns. Je nach Erntezeitpunkt ist er hell, mild aromatisch (Grad AA und A) oder dunkel mit intensivem, karamellartigem Malzgeschmack (Grad B und C). Bevorzugen Sie den hellbraunen Ahornsirup (Grad A), der eine angenehme Süße besitzt und sich deshalb ideal zum Süßen von Dessertcremes, Pancakes oder Müesli eignet.

Bananen-Pfannkuchen

Für 2 Personen
Zubereitung: 5–8 Minuten
Teigruhe: 30 Minuten

TEIG
2 Eier
150 ml laktosefreie Milch
75 ml Wasser
75 g Maismehl
2–3 EL Kokosflocken (20 g)
1 EL Zucker
1 TL Bourbon-Vanillezucker
etwas abgeriebene Zitronenschale
1 Prise Salz

1 mittelgroße Banane
wenig Bratbutter zum Ausbacken

Für den Teig die Eier mit dem Schneebesen kräftig verrühren. Milch, Wasser, Mehl, Kokosflocken, Zucker, Vanillezucker, abgeriebene Zitronenschale und Salz unterrühren. Den Teig etwa 30 Minuten ruhen lassen. Gelegentlich kräftig umrühren.

Die Banane schälen und in 7 mm dicke Scheiben schneiden.

Wenig Bratbutter in einer beschichteten Bratpfanne leicht erhitzen. Den Teig nochmals durchrühren. Die Hälfte des Teigs in die Pfanne gießen und die Hälfte der Bananenscheiben darauf verteilen. Langsam bei nicht zu hoher Temperatur ausbacken.

Sobald sich der Pfannkuchen vom Pfannenboden löst, vorsichtig wenden. Dazu einen passenden Teller auf den Pfannkuchen legen und diesen auf den Teller stürzen. Nochmals wenig Bratbutter in die leere Pfanne geben, den Pfannkuchen vorsichtig in die Pfanne zurückgleiten lassen und kurz fertig backen. Mit dem restlichen Teig den zweiten Pfannkuchen ausbacken.

Tipp
Schneller geht es, wenn die beiden Pfannkuchen gleichzeitig in zwei Bratpfannen ausgebacken werden.

TAKE FROM HOME

LEICHTE MAHLZEITEN FÜR UNTERWEGS

Salade niçoise

Für 2 Personen
Zubereitung: 30 Minuten

300 g kleine festkochende Kartoffeln
(z. B. Charlotte, Nicola)
150 g grüne Bohnen
Salz
160 g Thunfisch natur, aus der Dose
(siehe Produkthinweis)
1 kleine Tomate
½ Salatgurke
100 g Lattichsalat
2 hart gekochte Eier

SAUCE
3 EL Olivenöl
2 EL milder Obstessig
2 EL Wasser
1 TL mittelscharfer Senf
Pfeffer aus der Mühle, Salz

8 schwarze, entsteinte Oliven
einige Blätter Basilikum

Die Kartoffeln waschen und ungeschält im Steamer oder in einem Topf, knapp mit Wasser bedeckt, etwa 20 Minuten kochen (sie sollten nicht zu weich werden). Auskühlen lassen.

Inzwischen die Bohnen waschen, in einem zweiten Topf in Salzwasser zum Kochen bringen und etwa 10 Minuten (je nach Dicke der Bohnen) bissfest kochen. In ein Sieb abgießen und sofort unter kaltem Wasser abschrecken. So behalten sie eine intensiv grüne Farbe.

Die Tomate in Schnitze, die Gurke in Scheiben schneiden. Die Lattichblätter waschen, trocken schleudern und in 2 cm breite Streifen schneiden. Die Eier schälen und vierteln. Die abgekühlten Kartoffeln schälen und in Scheiben schneiden.

Für die Sauce alle Zutaten gut verrühren. Das Basilikum fein schneiden und darunterrühren.

In einer Schüssel Kartoffeln, Bohnen, Tomaten, Gurken und Lattich mit der Sauce sorgfältig vermengen. Die Oliven und Eier darüber verteilen. Mit Basilikumblättern garniert servieren.

Lunchbox
Die einzelnen Salatzutaten ohne Sauce in ein verschließbares Gefäß einschichten. Die Sauce separat mitnehmen. Vor dem Essen die Sauce darübergießen und alles sorgfältig vermengen.

Varianten
– Eier weglassen und dafür 150 g Mozzarella oder 60 g Parmesanspäne über den Salat verteilen.
– Eisbergsalat statt Lattichsalat verwenden.
– Zusätzlich 1 Teelöffel selbst gemachte Oliven-Tapenade unter die Sauce rühren (siehe Seite 82).

Produkthinweis
Thunfisch natur, das heißt in leicht gesalzenem Wasser eingelegter Thunfisch, ist dem in Öl eingelegten Thunfisch vorzuziehen.

Eisbergsalat mit Thunfisch und Tomaten

Für 2 Personen
Zubereitung: 15 Minuten

6 Cherrytomaten
8 entsteinte, schwarze Oliven
1 hart gekochtes Ei
160 g Thunfisch natur, aus der Dose (siehe
   Hinweis Seite 70)
etwas frisch gepresster Zitronensaft zum
   Beträufeln
100 g Eisbergsalat

SAUCE
3 EL Olivenöl
2 EL heller Aceto balsamico
1 TL milder Senf
½ Bund Schnittlauch
1 EL Kapern nach Belieben
Salz, Pfeffer aus der Mühle

Die Cherrytomaten halbieren. Die Oliven in feine Ringe schneiden. Das Ei schälen und vierteln. Den Thunfisch in einem Sieb gut abtropfen lassen, mit einer Gabel leicht zerzupfen und mit Zitronensaft beträufeln.

Für die Sauce Öl, Balsamico und Senf gut verrühren. Den Schnittlauch fein dazuschneiden. Nach Belieben Kapern daruntermischen. Mit Salz und Pfeffer würzen.

Den Eisbergsalat in fingerbreite Streifen schneiden. Cherrytomaten, Oliven und Thunfisch darauf verteilen und die Sauce darübergießen. Mit den geviertelten Eiern dekorieren.

Lunchbox
Eisbergsalat mit Thunfisch in einen gut verschließbaren Behälter geben und die Sauce separat mitnehmen.

Variante
Zusätzlich einige Gurkenscheiben unter den Salat mischen.

Beilage (FODMAP-reduziert)
Dazu passt pro Person eine Scheibe Dinkelbrot (Rezept Seite 57).

Griechischer Salat mit Feta

Für 2 Personen oder als Beilage für 4 Personen
Zubereitung: 10 Minuten

130 g Tomaten
1 Salatgurke
200 g Feta
½ kleiner Eisbergsalat
60 g entsteinte schwarze Oliven

SAUCE
4 EL Olivenöl
1 EL Kräuteressig
1 EL heller Aceto balsamico
Salz, Pfeffer aus der Mühle
½ Bund Oregano

Die Tomaten in mittelgroße Würfel schneiden. Die Gurke schälen, längs halbieren und in kleine Würfel schneiden. Den Feta in kleine Würfel schneiden. Den Eisbergsalat waschen, trocken schleudern und in feine Streifen schneiden.

Für die Sauce Olivenöl, Kräuteressig und Balsamico verrühren. Mit Salz und Pfeffer würzen. Den Oregano fein schneiden und daruntermischen.

Eisbergsalat, Tomaten, Gurken, Feta und Oliven sorgfältig mit der Sauce vermischen.

Tipp

- Als Stärkebeilage passen Hirsebratlinge (FODMAP-arm, siehe Seite 122) oder Zucchiniküchlein (FODMAP-reduziert, siehe Seite 86.)

Quinoa-Tomaten-Salat
mit Poulet und Rucola

Für 2 Personen
Zubereitung: 20 Minuten

    150 g helles Quinoa
    350 ml Wasser
    1 TL Salz
    1 EL Olivenöl
    200 g Pouletgeschnetzeltes
    Salz, Paprikapulver
    100 g Cherrytomaten
    1 kleine Frühlingszwiebel, nur das Grün

    SAUCE
    3 EL kaltgepresstes Olivenöl
    2 EL milder Obstessig
    5 EL Wasser
    Salz, Pfeffer aus der Mühle

    1 Handvoll Rucola

Quinoa, Wasser und Salz kurz aufkochen und anschließend etwa 15 Minuten leicht köcheln lassen. Vollständig auskühlen lassen.

Inzwischen in einer beschichteten Bratpfanne das Öl erhitzen. Das Pouletfleisch darin durchbraten, mit Salz und Paprikapulver würzen und abkühlen lassen. Die Cherrytomaten halbieren und das Zwiebelgrün in feine Ringe schneiden. Beides zusammen mit dem Fleisch unter das gekochte Quinoa mischen.

Für die Sauce Olivenöl, Essig und Wasser gut verrühren. Mit Salz und Pfeffer würzen. Zum Quinoa geben und gut vermengen. Vor dem Essen Rucola in größere Stücke schneiden und daruntermischen.

Lunchbox
Den Rucola separat mitnehmen und kurz vor dem Essen grob schneiden oder zerrupfen und unter den Quinoa-Salat mischen.

Vegetarische Variante
Poulet durch Mozzarella oder Tofu ersetzen. Tofu in kleine Würfel schneiden, mit Sojasauce marinieren, mit Pfeffer würzen und nur kurz anbraten.

Sandwich mit Oliven-Tapenade

Für 2 Personen
Zubereitung: 5 Minuten

4 Scheiben Dinkelbrot (Rezept Seite 57)
2 EL Oliven-Tapenade
einige kleine Salatblätter
einige Salatgurkenscheiben
4 dünne Tomatenscheiben
75 g Mozzarella

Die Brotscheiben im Toaster leicht toasten. Mit der Oliven-Tapenade bestreichen. Mit Salatblättern, Gurken- und Tomaten- sowie Mozzarellascheiben belegen.

Oliven-Tapenade

Zubereitung: 5 Minuten

200 g schwarze, entsteinte Oliven
40 g Kapern
150 ml kaltgepresstes Olivenöl
½ Zitrone, ausgepresster Saft
Salz, Pfeffer aus der Mühle

Die Oliven klein schneiden und zusammen mit den Kapern mit dem Pürierstab fein pürieren. Olivenöl und Zitronensaft dazugeben und so lange weiter pürieren, bis ein sehr feines Püree bzw. eine Paste entsteht. Mit Salz und Pfeffer würzen.

Tipps
– Die Tapenade in ein kleines Schraubglas füllen und im Kühlschrank aufbewahren. Sie hält sich gekühlt 2 bis 3 Wochen.
– Schneller geht es mit einer gekauften Oliven-Tapenade. Zutatenliste prüfen und darauf achten, dass kein Knoblauch enthalten ist.

Kürbis-Hirse-Burger mit Schnittlauch-Sauerrahm

Für 12 Stück
Zubereitung: 15 Minuten
Kochen und Quellen: 35 Minuten

500 ml Wasser
½ TL Salz
1 Lorbeerblatt
200 g Hirse
120 g Kürbis (Sorte Hokkaido)
100 g laktosefreier Sauerrahm
1 Ei
50 g Parmesan, gerieben
½ Bund glattblättrige Petersilie
Pfeffer aus der Mühle
Olivenöl zum Braten

250 g laktosefreier Sauerrahm
1 Bund Schnittlauch, fein geschnitten
Paprikapulver (edelsüß)
Salz

Das Wasser mit Salz und Lorbeerblatt aufkochen. Die Hirse einrühren und zugedeckt bei mittlerer Temperatur 15 Minuten köcheln lassen. Danach weiterhin zugedeckt 20 Minuten auf der ausgeschalteten Herdplatte quellen lassen. Das Lorbeerblatt entfernen.

Den Kürbis grob reiben und zusammen mit Sauerrahm, Ei und Käse unter die Hirse mischen. Die Petersilie fein schneiden und daruntermischen. Kräftig mit Pfeffer und nach Bedarf mit Salz abschmecken.

Aus der Masse 12 gleich große Kugeln formen und flach drücken. Wenig Olivenöl in einer beschichteten Bratpfanne nicht zu stark erhitzen. Die Bratlinge auf beiden Seiten bei mittlerer Temperatur goldbraun braten.

Den Sauerrahm mit dem Schnittlauch verrühren, mit Paprikapulver und Salz leicht würzen. Zu den Bratlingen servieren.

Lunchbox

Pro Person drei Burger mitnehmen. Dazu passt ein frischer Saisonblattsalat mit geraspelten Karotten. Salatsauce separat dazu mitnehmen.

Variante

Kürbis durch fein geriebene Karotten ersetzen.

Tipp

Die Burger bereits am Vorabend zubereiten. Die Hälfte frisch zusammen mit gedämpftem Gemüse genießen und die restlichen Burger am nächsten Tag in der Lunchbox mitnehmen. Sie schmecken auch kalt ausgezeichnet.

Küchentipp: Getreidebratlinge formen und ausbraten

Die Getreidemasse mithilfe eines Eisportionierers direkt in die Bratpfanne setzen, mit einer Bratschaufel etwas flach drücken und im heißen Olivenöl bei mittlerer Temperatur auf beiden Seiten ausbraten. Erst wenn sich eine Kruste gebildet hat und sich die Bratlinge vom Pfannenboden lösen, vorsichtig wenden.

Asiatischer Reisnudelsalat mit Poulet

Für 2 Personen
Zubereitung: 30 Minuten

100 g schmale Reisnudeln
2 mittelgroße Karotten
150 g Brokkoli (geputzt 100 g)
Salz
60 g Erdnüsse
200 g Pouletbrust-Minifilets
 (Innenfilets)
Pfeffer aus der Mühle
geröstetes Sesamöl zum Braten

SAUCE
3 EL geröstetes Sesamöl (siehe Produkthinweis)
2 EL Sojasauce
½ unbehandelte Zitrone, abgeriebene Schale
 und 2 EL Saft
2 EL frischer, fein geschnittener Koriander

Die Reisnudeln in einer Schüssel mit kochendem Wasser übergießen und 10 bis 15 Minuten stehen lassen, danach in ein Sieb abgießen.

Inzwischen die Karotten schälen und in kleine Würfel schneiden. Den Brokkoli in sehr kleine Röschen zerteilen. Karottenwürfel und Brokkoliröschen in einem Siebeinsatz über Wasserdampf kurz knackig garen. Leicht salzen. Die Erdnüsse nach Belieben fein hacken oder nur halbieren.

Die Pouletfilets mit Pfeffer und Salz würzen und in wenig Öl anbraten.

Für die Sauce Sesamöl, Sojasauce, Zitronenschale und -saft sowie Koriander vermischen.

Die abgetropften Reisnudeln, Gemüse, Fleisch und Erdnüsse gut mit der Sauce vermengen.

Varianten
– Poulet durch Crevetten ersetzen.
– Für Vegetarier: Statt Poulet Räuchertofu verwenden: in Würfel schneiden und am Schluss unter den Reisnudelsalat mischen.

Produkthinweis
Sesamöl eignet sich ausgezeichnet für asiatische Gerichte. Ungeröstet ist es hell und besitzt einen angenehm milden, nussigen Geschmack. Wird es aus gerösteten Sesamsamen gepresst, ist das Sesamöl dunkel in der Farbe und schmeckt intensiver.

Caesar Salad

Für 2 Personen
Zubereitung: 30 Minuten

SAUCE
1 EL Mayonnaise
2 EL laktosefreier saurer Halbrahm oder Sauerrahm
1 TL Senf
2 EL Zitronensaft
Salz, Pfeffer aus der Mühle

250 g Pouletbrust-Minifilets (Innenfilets)
Salz, Paprikapulver
2 EL magere Speckwürfelchen
1 mittelgroßer Eisbergsalat
½ Salatgurke
40 g Parmesan am Stück

Für die Sauce alle Zutaten gut verrühren. Mit Salz und Pfeffer würzen.

Die Pouletfilets mit Salz und Paprikapulver würzen. Die Speckwürfelchen in einer beschichteten Bratpfanne knusprig braten, herausnehmen und beiseitestellen. In der gleichen Pfanne die gewürzten Pouletfilets gut durchbraten.

Den Eisbergsalat in 1½ cm breite Streifen schneiden, die Gurke schälen, der Länge nach halbieren und in feine Scheiben schneiden. Vom Parmesan feine Späne abhobeln oder den Parmesan klein würfeln.

Eisbergsalat, Gurke und Speckwürfelchen in einer Schüssel vermischen. Mit der Sauce übergießen und die gebratenen Pouletfilets sowie die Parmesanspäne oder -würfelchen darüber verteilen.

Lunchbox
Die Salatzutaten (ohne Sauce) in einer Plastikbox mitnehmen. Die Sauce separat in einen kleinen Behälter geben und erst vor dem Essen alles vermischen.

Tofu-Variante
Poulet und Speckwürfelchen durch geräucherten Tofu ersetzen. Diesen in kleine Würfel schneiden und am Schluss über dem Salat verteilen.

Brotcroûtons

3–4 Scheiben Dinkeltoastbrot
wenig Bratbutter

Toastbrot in kleine Würfelchen schneiden und in einer beschichteten Bratpfanne in wenig Bratbutter bei mittlerer Temperatur unter ständigem Wenden goldbraun rösten. Die Croûtons am Schluss zusätzlich über den Salat verteilen.

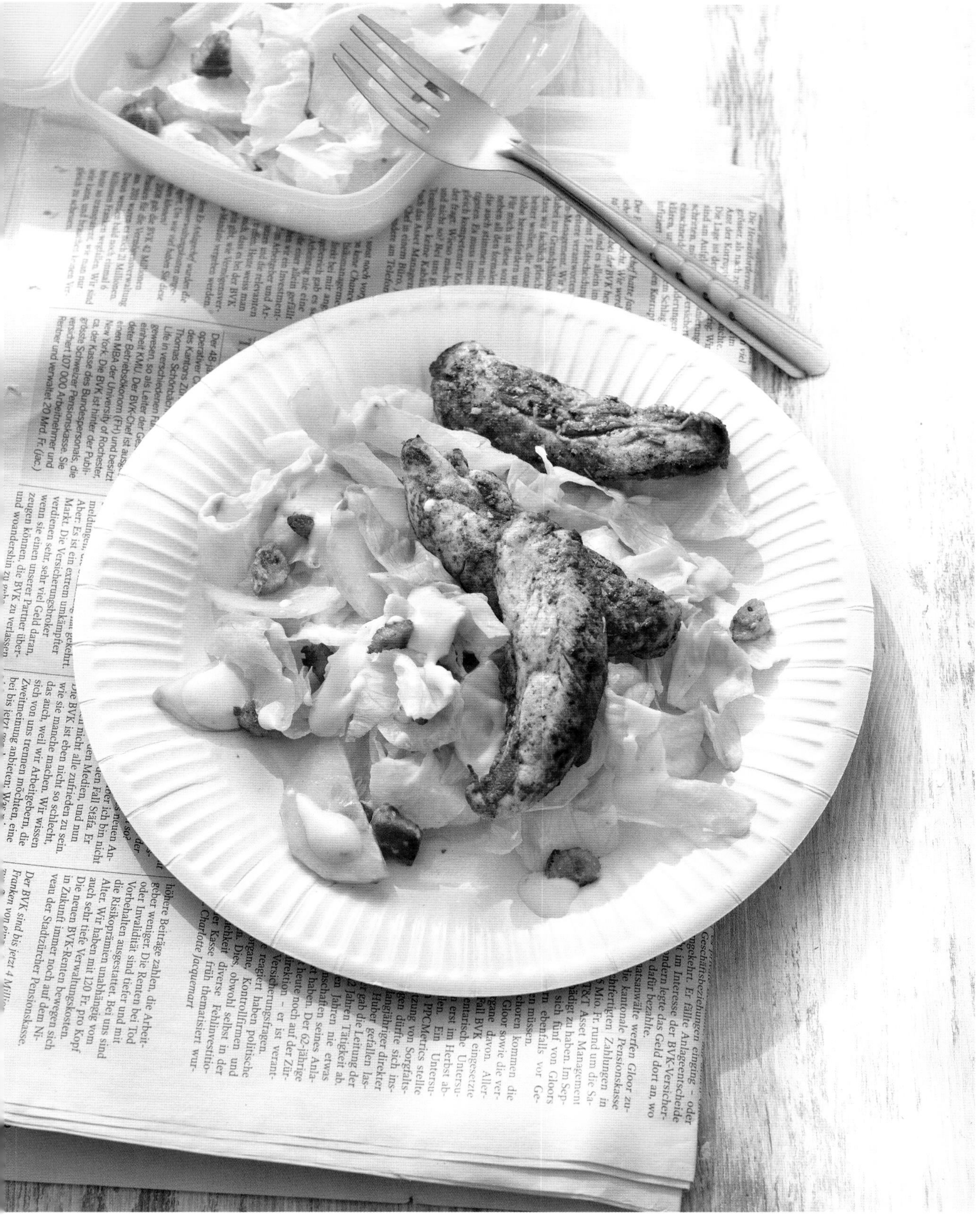

Sizilianischer Pasta-Bohnen-Salat mit Salsiccia

Für 2 Personen
Zubereitung: 40 Minuten

100 g Maisnudeln
  (z. B. Penne, Rigatoni, Makkaroni)
Salz
100 g grüne Bohnen
100 g Cherrytomaten
200 g Salsiccia (siehe Produkthinweis)

SAUCE
2 EL Olivenöl
2 TL milder Senf
2 EL Mayonnaise
2 EL heller Aceto balsamico
3 EL Wasser
½ Bund frische Kräuter (z. B. Basilikum,
  Thymian, Oregano, Majoran)
Salz, Pfeffer aus der Mühle

Die Nudeln in reichlich Salzwasser al dente kochen, in ein Sieb abgießen und das Kochwasser auffangen. Das Kochwasser nochmals im gleichen Topf aufkochen. Die Bohnen darin 10 bis 15 Minuten blanchieren. In ein Sieb abgießen, mit kaltem Wasser abspülen und gut abtropfen lassen.

Die Cherrytomaten halbieren. Die Salsiccia in kleine Stücke schneiden und in einer beschichteten Bratpfanne ohne Fettzugabe unter gelegentlichem Wenden anbraten.

Für die Sauce Olivenöl, Senf und Mayonnaise gut verrühren, Aceto balsamico und Wasser darunterrühren. Die Kräuter fein schneiden und beifügen. Mit Salz und Pfeffer würzen.

Nudeln, Bohnen, Cherrytomaten und Salsiccia in einer Schüssel mit der Sauce vermischen.

Produkthinweis

Salsiccia ist eine italienische, pikant gewürzte Wurst. Je nach Region wird die Salsiccia aus verschiedenen Fleischsorten hergestellt und mit Kräutern (z. B. Koriander, Paprikapulver) gewürzt. Ersatzweise kann man eine Schweins- oder Kalbsbratwurst nehmen.

Vegetarische Variante

Salsiccia durch 200 g kleine Feta- oder Mozzarellawürfel ersetzen.

Variante (FODMAP-reduziert)

Penne aus Dinkelmehl statt Maismehl verwenden.

Truthahn mit Radieschen auf Lattichsalat

Für 2 Personen
Zubereitung: 35 Minuten

MARINADE
2 EL Olivenöl
1 TL frisch gepresster Zitronensaft
1 TL Thymianpulver
½ TL mildes Paprikapulver (edelsüß)
Salz

1 große Truthahnbrust (250 g oder 2 kleine à 125 g)
1 kleiner Lattichsalat (250–300 g)
4 Radieschen
1 hart gekochtes Ei

SAUCE
2 EL Olivenöl
2 EL Mayonnaise
2 EL laktosefreier Joghurt
3 EL laktosefreie Milch
1 EL frisch gepresster Zitronensaft
Salz, Pfeffer aus der Mühle
½ Bund Schnittlauch, fein geschnitten

Für die Marinade Olivenöl, Zitronensaft, Thymian und Paprikapulver verrühren. Leicht salzen. Die Truthahnbrust damit einreiben und in einem kleinen Plastikgefäß verschlossen etwa 25 Minuten im Kühlschrank marinieren lassen.

Die Lattichblätter waschen, trocknen und in 1½ cm breite Streifen schneiden. Die Radieschen waschen, vom Stielansatz befreien und in feine Stifte schneiden. Das Ei schälen und vierteln.

Für die Sauce alle Zutaten gut verrühren und mit Salz und Pfeffer würzen.

Die Truthahnbrust in einer beschichteten Bratpfanne bei mittlerer Temperatur auf beiden Seiten 8 bis 10 Minuten (je nach Dicke) gut durchbraten. Herausnehmen und leicht auskühlen lassen. Quer in 1 cm breite Streifen schneiden.

In einer Schüssel Lattich, Radieschen und Truthahn mit der Sauce vermengen. Mit dem Ei garnieren.

Lunchbox
Die Truthahnbrust abends marinieren, in einem Plastikgefäß verschlossen über Nacht kühl stellen. Am nächsten Morgen das Fleisch anbraten, in Streifen schneiden und separat verpackt mitnehmen. Die Sauce ebenfalls separat in einem kleinen Behälter mitnehmen und vor dem Essen mit den Salatzutaten vermengen.

Varianten
- Pouletbrust statt Truthahn verwenden.
- Lattich durch Eisbergsalat ersetzen.
- Radieschen durch 100 g Himbeeren und das Ei durch 50 g Parmesanspäne ersetzen.

Kartoffelsalat Holzfällerart

Für 2 Personen
Zubereitung: 40 Minuten

500 g kleine festkochende Kartoffeln
Salz
100 g Cherrytomaten
2 kleine Essiggurken
30 g grüne Erbsen (aus der Dose)
80 g magere Speckwürfelchen
2 hart gekochte Eier

SAUCE
100 g laktosefreier Sauerrahm
3 EL Mayonnaise
1 EL milder Senf
2–3 EL milder Kräuteressig
Salz, Pfeffer aus der Mühle
½ Bund glattblättrige Petersilie oder Schnittlauch

Varianten
– Die Speckwürfelchen durch Schinkenwürfelchen oder Räuchertofuwürfel ersetzen.
– Cherrytomaten und Erbsen weglassen und dafür 75 g Süßmais verwenden.

Die Kartoffeln waschen und mit der Schale in siedendem Salzwasser oder in einem Siebeinsatz über Dampf weich garen. Noch warm schälen, in kleine Würfel oder feine Scheiben schneiden und in eine Schüssel geben.

Die Cherrytomaten halbieren, die Essiggurken in Scheiben schneiden und beides zusammen mit den Erbsen unter die Kartoffeln mischen.

Für die Sauce Sauerrahm, Mayonnaise, Senf und Essig gut verrühren und mit Salz und Pfeffer würzen. Petersilie oder Schnittlauch fein schneiden und daruntermischen.

Die Sauce über die Kartoffeln gießen und alles sorgfältig vermengen. Die Speckwürfelchen ohne Fettzugabe in einer Bratpfanne knusprig braten und über dem Kartoffelsalat verteilen. Am Schluss die Eier schälen, vierteln und den Salat damit garnieren.

Käse-Wurst-Salat

Für 2 Personen
Zubereitung: 20 Minuten

2 Cervelat-Würste (je 100 g)
80 g würziger Appenzeller oder Greyerzer Käse
2 mittelgroße Gewürzessiggurken
130 g Tomaten

SAUCE
2 EL Rapsöl
1 EL Mayonnaise
1 TL milder Senf
2 EL Kräuteressig
½ Bund Schnittlauch
Pfeffer aus der Mühle

200 g Kopfsalatherzen

Die Cervelats häuten, der Länge nach halbieren und in feine Scheiben schneiden. Den Käse in kleine Würfel schneiden. Die Essiggurken in feine Scheiben schneiden. Die Tomaten in Schnitze schneiden.

Für die Sauce Rapsöl, Mayonnaise, Senf und Essig gut verrühren. Den Schnittlauch fein dazuschneiden, mit Pfeffer leicht würzen.

Die Blätter von den Kopfsalatherzen ablösen, waschen, trocken schleudern und in eine flache Schüssel geben.

Die Salatzutaten mit der Sauce vermengen und auf den Salatblättern anrichten.

Tipp
Im Frühling die Tomaten durch Radieschen ersetzen.

Beilage (FODMAP-reduziert)
Pro Person eine Scheibe Dinkelbrot zum Salat reichen.

Zucchiniküchlein mit Rohschinken

Ergibt 6 Stück
Für ein Muffinblech mit 6 Vertiefungen
Zubereitung: 20 Minuten
Backen: 30 Minuten

100 g Dinkelmehl
1½ TL Backpulver
¼ TL Salz
etwas Pfeffer aus der Mühle
80 g Zucchini
50 g Rohschinken, gewürfelt
½ Bund Basilikum, fein geschnitten
1 großes Ei
ca. 100 ml laktosefreie Milch
3 EL Rapsöl

Mehl, Backpulver, Salz und Pfeffer in einer Schüssel vermischen. Die Zucchini grob dazureiben. Die Rohschinkenwürfel und das fein geschnittene Basilikum dazugeben und alles vermischen.

Ei, Milch und Rapsöl mit dem Schneebesen gut verrühren, dazugeben und gut vermengen.

In die Vertiefungen des Muffinblechs Papierförmchen setzen. Die Teigmasse in die Förmchen verteilen und im vorgeheizten Backofen bei 180 Grad etwa 30 Minuten backen. Nach dem Backen auf einem Gitter auskühlen lassen.

Lunchbox
Die Zucchiniküchlein am Vorabend zubereiten. Sie schmecken auch kalt am nächsten Tag. Für die Lunchbox reichen pro Person zwei Küchlein zusammen mit einem Tomaten-Mozzarella-Salat (siehe Seite 141). Die Sauce dafür separat mitnehmen.

Varianten
– Karotten statt Zucchini verwenden.
– Rohschinkenwürfel durch sehr klein gewürfelte rote Peperoni (Paprika) ersetzen.

Curry-Reissalat mit Früchten

Für 2 Personen
Zubereitung: 20–25 Minuten

> 150 g Langkornreis (parboiled)
> 400 ml Wasser
> Salz
> 1 Banane
> 150 g Ananas aus der Dose
> ½ Orange
>
> SAUCE
> 180 g laktosefreier Joghurt
> 2 EL Mayonnaise
> 2 EL Rapsöl
> ½ Orange, ausgepresster Saft
> ½ TL mildes Currypulver
> Salz

Den Reis in einem feinmaschigen Sieb unter fließendem kaltem Wasser spülen und gut abtropfen lassen. Das Wasser in einem Topf aufkochen, leicht salzen und Reis dazugeben. Bei niedriger Temperatur etwa 15 Minuten köcheln und anschließend auf der ausgeschalteten Herdplatte zugedeckt 5 Minuten ziehen lassen.

Inzwischen Banane, Ananas und Orange schälen und klein würfeln.

Für die Sauce Joghurt, Mayonnaise, Rapsöl, Orangensaft und Currypulver gut verrühren, nach Bedarf salzen. Den Reis mit der Sauce vermengen. Nach Bedarf noch etwas Orangensaft dazugeben. Die Fruchtwürfelchen erst kurz vor dem Essen untermischen.

Variante
Ananas durch kleine Melonenstückchen (Sorte Cantaloupe) ersetzen.

Lunchbox
Als Proteinkomponente passen zum Beispiel Curry-Tofu-Würfel oder Pouletstreifen.

Tipp: Vollkornreis kochen
Vollkornreis benötigt mehr Wasser, nämlich ein Verhältnis von 1 Teil Reis und 2 bis 3 Teile Wasser. Zuerst das Wasser (ohne Salz) aufkochen, den Reis beifügen, 15 Minuten bei mittlerer Temperatur kochen lassen und anschließend auf der abgeschalteten Herdplatte etwa 45 Minuten ausquellen lassen. Erst danach salzen. Salzen zu Kochbeginn verlängert den Garprozess.

Dazu folgende Varianten:

Curry-Tofu-Würfel

250 g Tofu natur
3 EL Sojasauce
½ TL mildes Currypulver
wenig Olivenöl zum Braten

Den Tofu in kleine Würfel schneiden. Sojasauce und Currypulver vermischen und die Tofuwürfel darin 20 Minuten marinieren.

Die Tofuwürfel in Olivenöl unter sorgfältigem Wenden kurz anbraten. Vor dem Essen sorgfältig unter den Reissalat mischen.

Tipp
Schneller geht es mit fertig gewürzten Tofuprodukten. Diese können aber Zwiebeln oder Knoblauch enthalten, deshalb immer die Zutatenliste prüfen.

Pouletstreifen

2 Pouletbrüstchen, je 120 g
Salz
¼ TL mildes Paprikapulver (edelsüß)
Pfeffer aus der Mühle

Die Pouletbrüstchen mit Salz, Paprikapulver und Pfeffer würzen. In einem Siebeinsatz über Dampf 10 bis 15 Minuten (je nach Dicke) dämpfen. Abkühlen lassen, der Länge nach halbieren, dann quer in 7 mm dicke Streifen schneiden.

Vor dem Essen die Pouletstreifen unter den Reissalat mischen.

Reissalat tricolore

Für 2 Personen
Zubereitung: 10 Minuten
Reis kochen: 10–15 Minuten

150 g Parboiled-Reis
400 ml Wasser
¼ TL Salz
1 Lorbeerblatt
½ unbehandelte Zitrone
100 g rote Peperoni (Paprika)
50 g Süßmais, aus der Dose
35 g Erbsen, aus der Dose

SAUCE
3 EL kaltgepresstes Olivenöl
2 EL Sherryessig
1 EL Mayonnaise
1 EL milder Senf
einige Zweiglein (Zitronen-)Thymian
Salz, Pfeffer aus der Mühle

Tipp
Mit einer Proteinkomponente ergänzen: 100 g Käsewürfelchen (Greyerzer, Appenzeller) oder 250 g gekochte Crevetten oder Pouletstreifen.

Variante (FODMAP-arm)
Süßmais und Erbsen durch 100 g gewürfelte Salatgurke ersetzen.

Variante
Statt Reis eine Reis-Wildreis-Mischung (»Wildreis-Mix«) verwenden.

Den Reis in einem Sieb unter fließendem kaltem Wasser gut spülen, bis das Wasser klar abläuft. In einem Topf das Wasser mit Salz und Lorbeerblatt aufkochen. Von der Zitrone ein 3 bis 4 cm großes Stück Schale abschälen und dazugeben. Den Reis beifügen und bei mittlerer Temperatur 10 bis 15 Minuten köcheln lassen. Auskühlen lassen, Lorbeerblatt und Zitronenschale entfernen.

Die Peperoni in kleine Würfelchen schneiden. Mit den Maiskörnern und den Erbsen unter den Reis mischen.

Für die Sauce Olivenöl, Essig, Mayonnaise und Senf gut verrühren. Nach Bedarf wenig Wasser unterrühren. Die Blättchen des (Zitronen-)Thymians abstreifen, fein hacken und beifügen. Mit Salz und Pfeffer gut würzen. Die Sauce mit dem Reis vermengen.

Bunter Quinoasalat

Für 2 Personen
Zubereitung: 25 Minuten

150 g helles oder gemischtes Quinoa
  (siehe Produktinfo)
350 ml Wasser
1 TL Salz
100 g rote Peperoni (Paprika)
½ Salatgurke
90 g Süßmais, aus der Dose

SAUCE
4 EL kaltgepresstes Olivenöl
3 EL Wasser
3–4 EL frisch gepresster Zitronensaft
½ TL mildes Paprikapulver (edelsüß)
1 Bund Schnittlauch

Das Quinoa mit Wasser und Salz aufkochen und etwa 15 Minuten leicht köcheln lassen. 10 Minuten quellen und dann vollständig auskühlen lassen.

Inzwischen die Peperoni in kleine Würfelchen schneiden. Die Gurke schälen, der Länge nach halbieren und ebenfalls klein würfeln.

Für die Sauce Olivenöl, Wasser, Zitronensaft und Paprikapulver gut verrühren. Den Schnittlauch fein dazuschneiden.

Das Quinoa mit dem Gemüse und der Sauce sorgfältig vermengen und nach Bedarf mit Salz abschmecken.

Lunchbox

Mit einer Proteinkomponente ergänzen, pro Person zum Beispiel 120 g gebratene Pouletwürfel oder 150 g Hüttenkäse oder 60 g Weichkäse (Camembert, Brie) oder 100 g Feta.

Variante

Peperoni (Paprika), Gurken und Süßmais ersetzen durch 250 g Karotten und Pfälzer Karotten, klein gewürfelt und bissfest gegart, und statt Schnittlauch ½ Bund fein geschnittene Petersilie.

Produktinfo

Quinoa wird in Südamerika angebaut. Die kleinen Körner sind sehr nährstoffreich, vor allem der Eiweißgehalt ist beachtlich. Quinoa gibt es in verschiedenen Farben, rotbraun, schwarz und hell weiß. Fertige bunte Quinoa-Mischungen sind im Reformfachhandel und im Supermarkt erhältlich.

Take-away-Beerenmüesli mit Zitronen-Joghurt-Creme

Für 2 Personen
Zubereitung: 5 Minuten

50 g feine Haferflocken
40 g Hirseflocken
360 g laktosefreier Joghurt
½ unbehandelte Zitrone, abgeriebene Schale
  und Saft
50–100 ml laktosefreie Milch
Zucker oder Ahornsirup nach Bedarf
eine Handvoll Baumnüsse (Walnusskerne),
  ca. 12 Stück
100 g Himbeeren
60 g Heidelbeeren

Hafer- und Hirseflocken, Joghurt, Zitronenschale und -saft in einen fest verschließbaren Behälter geben. So viel Milch wie gewünscht dazugießen und alles gut vermischen. Nach Bedarf mit Zucker oder Ahornsirup süßen.

Die Baumnüsse von Hand grob zerkleinern. Zusammen mit den Beeren auf das Müesli geben. Gut verschließen und mitnehmen (bis zum Essen kühl stellen).

Vor dem Essen das Müesli kurz durchmischen.

Variante (FODMAP-reduziert)
Hirseflocken weglassen und insgesamt 90 g feine Haferflocken verwenden.

Tortilla mit Zucchini und Paprika

Für 4 Personen
Zubereitung: 30–35 Minuten

600 g mittelgroße mehligkochende Kartoffeln
150 g Zucchini
2 EL kaltgepresstes Olivenöl
150 g rote Peperoni (Paprika)
1 Bund Schnittlauch
6 Eier
1 TL Salz, Pfeffer aus der Mühle
frisch geriebene Muskatnuss
Olivenöl für die Form

Die Kartoffeln schälen. Kartoffeln und Zucchini in sehr feine Scheiben schneiden. Das Olivenöl in einer großen Bratpfanne erhitzen. Die Kartoffelscheiben unter häufigem Wenden etwa 5 Minuten darin anbraten, dann die Zucchinischeiben dazugeben und weitere 10 Minuten mitbraten.

Die Peperoni entkernen und in sehr kleine Würfel schneiden, den Schnittlauch fein schneiden. Beides unter die Kartoffeln und Zucchini mischen. Mit ½ Teelöffel Salz und Pfeffer würzen.

Die Eier kräftig verrühren, mit ½ Teelöffel Salz sowie wenig Pfeffer und Muskatnuss würzen.

Eine große ofenfeste Form (ca. 25 × 35 cm) mit Olivenöl einfetten. Die Hälfte der Kartoffelmasse hineingeben, die Hälfte des Eigusses darübergießen, die restliche Kartoffelmasse einfüllen und mit dem restlichen Eiguss übergießen.

Im vorgeheizten Backofen bei 200 Grad etwa 35 Minuten backen. Nach dem Backen leicht auskühlen lassen, dem Rand entlang lösen und auf eine Platte stürzen. Die Tortilla in Stücke schneiden und heiß servieren.

Tipp
Tortilla schmeckt auch kalt ausgezeichnet. Deshalb am Vorabend zubereiten und die Hälfte davon für ein herzhaftes Frühstück oder für die Lunchbox verwenden.

Tabouleh-Salat mit Hirse

Für 2 Personen
Zubereitung: 15 Minuten
Quellen: 20–25 Minuten
Kühl stellen: 30 Minuten

300 ml Wasser
150 g Hirse (siehe Produkthinweis)
¼ TL Salz
1 Frühlingszwiebel, nur das Grün
100 g Cherrytomaten
½ Salatgurke
5 EL kaltgepresstes Olivenöl
4 EL frisch gepresster Zitronensaft
3 EL sehr fein geschnittene Pfefferminze
Pfeffer aus der Mühle
kleine Pfefferminzblättchen zum Garnieren

Das Wasser in einem Topf aufkochen, Hirse und Salz beifügen und bei niedriger Temperatur etwa 15 Minuten leicht köcheln lassen. Zugedeckt auf der ausgeschalteten Herdplatte 20 bis 25 Minuten quellen lassen. Nicht rühren, so bleibt die Hirse körnig. Anschließend auskühlen lassen.

Das Zwiebelgrün in feine Ringe schneiden. Die Cherrytomaten halbieren. Die Gurke schälen, der Länge nach halbieren, die Kerne herausschaben und das Fruchtfleisch in kleine Würfel schneiden. Alles vorsichtig unter die gekochte Hirse mischen.

Olivenöl, Zitronensaft und Pfefferminze verrühren. Mit Salz und Pfeffer würzen und über die Hirse gießen. Leicht vermengen und mindestens 30 Minuten im Kühlschrank ziehen lassen. Vor dem Servieren mit kleinen Pfefferminzblättchen garnieren.

Tipp
Nach Belieben einige schwarze Oliven klein schneiden und daruntermischen.

Lunchbox
Dazu kleine Hackfleischbällchen mitnehmen (siehe Seite 119; statt große Frikadellen kleine Bällchen formen und braten; das kann am Vorabend geschehen, sie schmecken auch kalt am nächsten Tag sehr gut). Oder 200 g Feta- oder Mozzarellawürfelchen direkt unter den Salat mischen.

Produkthinweis
Das Original-Tabouleh-Rezept wird mit Couscous (Hartweizengrieß) zubereitet. Als FODMAP-arme Alternative verwendet man Hirse. Im Reformfachhandel ist auch Mais-Couscous (z. B. von Probios) oder Mais-Reis-Couscous (z. B. von Priméal) erhältlich.

Paprika-Basilikum-Muffins

Für 6 Muffins
Zubereitung: 10–15 Minuten
Backen: 25 Minuten

> 150 g rote Peperoni (Paprika)
> 60 g Feta
> 100 g Dinkelmehl
> 1 TL Backpulver
> ¼ TL Salz
> 1 großes Ei
> 3 EL kaltgepresstes Olivenöl
> ca. 50 ml laktosefreie Milch
> 3 EL sehr fein geschnittenes Basilikum

Die Peperoni in sehr kleine Würfelchen schneiden. Den Feta grob zerbröckeln.

In einer Schüssel Mehl, Backpulver und Salz vermischen. Separat Ei, Olivenöl und Milch kräftig verrühren und zur Mehlmischung geben. Alles zu einer dickflüssigen Masse vermengen. Peperoniwürfelchen, Feta und Basilikum unter den Teig rühren.

In die Vertiefungen eines Muffinblechs Papierförmchen setzen. Den Teig in die Förmchen verteilen.

Im vorgeheizten Backofen bei 180 Grad etwa 25 Minuten backen.

Lunchbox

Die Muffins am Vorabend zubereiten. Sie schmecken auch kalt am nächsten Tag. Für die Lunchbox pro Person zwei Muffins, zusammen mit Nüsslisalat (Feldsalat) und gehackten Baumnüssen einpacken. Sauce separat mitnehmen.

Nüsslisalat mit Baumnüssen (Feldsalat mit Walnusskernen)

Für 2 Personen
Zubereitung: 10 Minuten

> 150 g Nüsslisalat (Feldsalat)
> 1 hart gekochtes Ei
> 1 kleine Handvoll Baumnüsse (Walnusskerne)
>
> SAUCE
> 2 EL Olivenöl
> 1 EL Baumnussöl (siehe Produkthinweis)
> 2 EL milder Kräuteressig
> 2 EL Wasser
> 1 TL Senf
> wenig Salz, Pfeffer aus der Mühle

Den Salat waschen und trocken schleudern. Das Ei schälen und grob hacken.

Für die Sauce beide Ölsorten, Essig, Wasser und Senf gut verrühren und mit Salz und Pfeffer würzen.

Die Sauce über den Salat geben. Die Baumnüsse grob hacken und darüber verteilen.

Varianten

– Je nach Marktangebot andere Blattsalate verwenden.
– Zusätzlich eine grob geriebene Karotte oder 100 g in sehr feine Streifen geschnittenen Fenchel daruntermischen.
– Zusätzlich magere Speck- oder Rohschinkenwürfel ohne Fettzugabe knusprig braten und über den Salat geben.

Produkthinweis

Kaltgepresstes Baumnussöl gibt dem Salat eine köstliche nussige Note.

Spinat-Muffins

Für 6 Stück
Zubereitung: 30 Minuten
Backen: 25 Minuten

100 g Dinkelmehl
1 TL Backpulver
2 EL Pinienkerne
30 g in Olivenöl eingelegte Dörrtomaten
  (ca. 4 Stück à 8 g)
10 getrocknete, entsteinte schwarze Oliven
30 g würziger Greyerzer Käse
100 g tiefgekühlter, ungewürzter Blattspinat,
  aufgetaut
1 EL Olivenöl zum Dünsten
½ TL Salz, Pfeffer aus der Mühle
1 großes Ei
ca. 75 ml laktosefreie Milch
3–4 EL Olivenöl

Mehl, Backpulver und Pinienkerne in einer Schüssel vermischen. Die Dörrtomaten und Oliven fein hacken. Den Käse in sehr kleine Würfel schneiden oder grob raffeln. Unter das Mehl mischen.

Den aufgetauten Spinat auspressen und grob hacken. Kurz in heißem Olivenöl andünsten. Mit Salz und Pfeffer würzen und unter die Mehlmischung rühren.

Ei, Milch und 3 bis 4 Esslöffel Olivenöl gut verrühren, dazugeben und alles vermengen.

Kleine Backförmchen leicht einfetten oder in die Vertiefungen eines Muffinblechs Papierförmchen setzen. Die Masse in die Förmchen verteilen und im vorgeheizten Backofen bei 180 Grad etwa 20 bis 25 Minuten backen.

Variante
Blattspinat durch mittelfein geriebene Zucchini ersetzen. Diese nur kurz andünsten, überschüssige Kochflüssigkeit weggießen.

Lunchbox
Die Spinat-Muffins am Vorabend zubereiten. Sie schmecken auch kalt am nächsten Tag. Ideal zum Mitnehmen für unterwegs. Für die Lunchbox zwei Muffins pro Person zusammen mit einem griechischen Salat einpacken. Die Sauce separat mitnehmen.

EINFACH GEMÜTLICH

UNKOMPLIZIERT FÜR JEDEN TAG

Minestrone

Für 4 Personen
Zubereitung: 15 Minuten
Kochen: 25 Minuten

1 Frühlingszwiebel, nur das Grün
300 g Karotten
200 g Knollensellerie
2 mittelgroße Kartoffeln
1 Fleischtomate
2 EL Olivenöl
100 g Risottoreis (z. B. Arborio, Carnaroli, Vialone)
1,6 l Wasser
Salz, Pfeffer aus der Mühle
1 Bund glattblättrige Petersilie
80 g Sbrinz oder Parmesan, grob gerieben

Das Zwiebelgrün in feine Ringe schneiden. Karotten, Sellerie und Kartoffeln schälen und in kleine Würfel schneiden. Die Tomate kreuzweise einschneiden, kurz in kochendes Wasser tauchen, häuten, halbieren, entkernen und in Würfel schneiden.

In einem großen Topf das Olivenöl erhitzen, Zwiebelgrün und Gemüsewürfel darin andünsten. Den Reis und die Tomatenwürfel beifügen und mitdünsten. Mit dem leicht gesalzenen Wasser auffüllen. Aufkochen und zugedeckt bei mittlerer Temperatur etwa 25 Minuten köcheln lassen. Mit Salz und Pfeffer kräftig würzen. Am Schluss die Petersilie fein schneiden und unterrühren.

Zum Servieren die Suppe in vorgewärmte Teller füllen und mit geriebenem Sbrinz bestreuen.

Tipps

– Mit einer Proteinkomponente ergänzen: Zusätzlich pro Person ein Wienerli (Frankfurter), in kleine Stücke geschnitten, in der Suppe 15 Minuten warm werden lassen.
– Diese Suppe eignet sich gut zur Verwertung von Gemüseresten, wie zum Beispiel Karotten, Pfälzer Karotten, Pastinaken, Zucchini, Knollensellerie und Pak Choi. Brokkoli, grüne Bohnen und Fenchel sind in kleinen Mengen auch möglich.

Variante (FODMAP-reduziert)

Zusätzlich 100 g gekochte Kichererbsen (aus der Dose) in die Suppe geben.

Lunchbox

Die Suppe lässt sich fest verschlossen in einem Behälter als Mittagsverpflegung mitnehmen. Vor dem Essen in einem Topf oder in der Mikrowelle aufwärmen.

Kürbis-Kartoffel-Suppe

Für 4 Personen
Zubereitung: 30 Minuten

> 400 g Kürbis (Sorte Hokkaido)
> 400 g Kartoffeln
> 1 EL kaltgepresstes Olivenöl
> Salz, Pfeffer aus der Mühle
> 1 TL mildes aromatisches Currypulver
> frisch geriebene Muskatnuss
> 750 ml Wasser
> 100 ml laktosefreier Rahm
> kaltgepresstes Kürbiskernöl zum Beträufeln

Kürbis und Kartoffeln schälen und in Würfel schneiden. Das Olivenöl in einer großen Pfanne erhitzen, die Kürbis- und Kartoffelwürfel darin andünsten. Mit Salz, Pfeffer, Currypulver und Muskatnuss kräftig würzen und mit dem Wasser auffüllen.

Etwa 15 Minuten leicht köcheln lassen. Anschließend pürieren, den Rahm darunterrühren und nach Bedarf mit den Gewürzen nochmals abschmecken.

Die Suppe in vorgewärmte Suppenschalen verteilen und ganz wenig Kürbiskernöl darüberträufeln.

Lunchbox
Die Suppe in einem fest verschließbaren Behälter mitnehmen. In einem Topf oder in der Mikrowelle kurz aufwärmen. Dazu passt ein Stück Dinkelbrot (siehe Seite 57, FODMAP-reduziert) und eine Portion laktosefreier Hüttenkäse oder Quark (ca. 100 g pro Person).

Variante
Rahm durch Kokosmilch ersetzen.

Sommerlicher Gemüsesalat

Für 4 Personen als Beilage
Zubereitung: 25 Minuten
Ziehen lassen: 20 Minuten

150 g rote Peperoni (Paprika)
100 g Zucchini
100 g Aubergine
2 EL kaltgepresstes Olivenöl
250 g Mozzarella

SAUCE
4 EL kaltgepresstes Olivenöl
1½ EL frisch gepresster Zitronensaft
1 EL grobkörniger Senf
2 EL Kapern
½ Bund frischer Oregano
einige Basilikumblätter
Salz, Pfeffer aus der Mühle

Die Peperoni halbieren, entkernen und in Streifen schneiden. Die Zucchini in 1 cm dicke Scheiben schneiden. Den Stielansatz der Aubergine entfernen und die Frucht in mittelgroße Würfel schneiden.

In einer Grillpfanne das Olivenöl erhitzen. Peperoni, Zucchini und Auberginen darin kurz anbraten, dann bei milder Temperatur 5 bis 10 Minuten leicht braten. Das Gemüse sollte noch Biss haben. Beiseitestellen und auskühlen lassen.

Für die Sauce Olivenöl, Zitronensaft und Senf gut verrühren. Kapern und Kräuter fein schneiden und beifügen. Mit Salz und Pfeffer kräftig würzen.

Den Mozzarella in kleine Würfel schneiden und zusammen mit dem Gemüse sorgfältig mit der Sauce vermengen. Etwa 20 Minuten durchziehen lassen.

Beilage (FODMAP-reduziert)
Dazu passt eine selbst gebackene Oliven-Focaccia.

Oliven-Focaccia

250 g Dinkelmehl
½ TL Salz
¼ Würfel Hefe (ca. 10 g), zerbröckelt
150 ml lauwarmes Wasser
1 EL Olivenöl
1 Handvoll schwarze entsteinte Oliven, halbiert
125 g Feta, grob zerbröckelt
1 EL Olivenöl
einige Zweige Rosmarin

Mehl, Salz und Hefe in einer Schüssel mischen. Wasser und Öl beigeben und alles in der Küchenmaschine oder mit den Knethaken des Handrührgeräts zu einem geschmeidigen Teig kneten. Zugedeckt bei Zimmertemperatur etwa 1½ Stunden auf das doppelte Volumen aufgehen lassen.

Die Oliven und den Feta in den Teig einarbeiten.

Die Arbeitsfläche mit wenig Dinkelmehl bestäuben und den Teig auf etwa 25 × 40 cm ausrollen. Auf ein mit Backpapier belegtes großes Blech geben, den Teig mit Olivenöl bestreichen und mit Rosmarinnadeln bestreuen.

Im vorgeheizten Backofen bei 200 Grad etwa 20 bis 25 Minuten (je nach Dicke) backen.

Tipp
Frisch aus dem Ofen schmeckt die Focaccia am besten.

Variante (FODMAP-arm)
Als Mahlzeit für 4 Personen die Zutatenmengen des Gemüsesalats verdoppeln und die Oliven-Focaccia durch Ofenkartoffeln mit Sesam (siehe Seite 131) oder Rosmarin-Bratkartoffeln (siehe Seite 116) ersetzen.

Tomatenquiche mit Kräuterfrischkäse

Für 6 Personen
Für ein rundes Kuchenblech von 28 cm Durchmesser
Zubereitung: 20 Minuten
Kühl stellen: 30 Minuten
Backen: 35–40 Minuten

TEIG
200 g Dinkelmehl
½ TL Salz
60 g kalte Butter
150 g laktosefreier Quark

GUSS
3 Eier
300 g laktosefreier Frischkäse
300 g laktosefreier Quark
2 Bund verschiedene Kräuter (z. B. Kerbel,
Petersilie, Basilikum, Oregano, Thymian,
Schnittlauch, Majoran)
Salz, Pfeffer aus der Mühle

350 g kleine Cherrytomaten

Für den Teig Mehl und Salz in einer Schüssel mischen. Die Butter in kleinen Stückchen beifügen und zwischen den Händen mit dem Mehl krümelig verreiben. Den Quark dazugeben und zu einem Teig verarbeiten (nicht kneten). Zu einer Kugel formen, flach drücken und, in Klarsichtfolie verpackt, etwa 30 Minuten kühl stellen.

Ein rundes Kuchenblech mit Backpapier belegen. Den Teig rund ausrollen, ins Blech legen und den Rand formen. Den Teigboden mit einer Gabel mehrmals einstechen.

Für den Guss Eier, Frischkäse und Quark mit dem Schneebesen gut verrühren. Die Kräuter fein schneiden, darunterrühren und mit Salz und Pfeffer würzen. Auf den Teigboden gießen. Die Cherrytomaten halbieren, mit der Schnittfläche nach oben in den Guss setzen und leicht salzen.

In der unteren Hälfte des Backofens bei 200 Grad etwa 35 bis 40 Minuten backen.

Tipp
Der Teig lässt sich gut im Voraus zubereiten und, in einem Haushaltsbeutel verpackt, im Kühlschrank aufbewahren. Er hält sich 2 bis 3 Tage frisch.

Beilage
Dazu passt ein gemischter Blattsalat (z. B. Eichblatt, Lollo, Radicchio, Kopfsalat) mit gerösteten Kernen (Pinien-, Kürbis- oder Sonnenblumenkerne).

Einfacher Kartoffel-Gemüse-Kuchen

Für eine Springform von 26 cm Durchmesser
Zubereitung: 25 Minuten
Backen: 45–50 Minuten

600 g in der Schale gekochte festkochende
    Kartoffeln
250 g Zucchini
150 g Appenzeller oder Greyerzer Käse
300 g Karotten
4 Eier
200 ml laktosefreier Quark oder Sauerrahm
Salz, Pfeffer aus der Mühle, frisch geriebene
    Muskatnuss
2 Bund Schnittlauch

Die Kartoffeln schälen und grob reiben. Zucchini und Käse ebenfalls grob reiben. Die Karotten schälen und fein reiben. Alles in einer großen Schüssel vermengen.

Die Eier mit dem Schneebesen kräftig verrühren. Den Quark (oder Sauerrahm) unterrühren und mit Salz, Pfeffer und Muskatnuss gut würzen. Den Schnittlauch fein dazuschneiden.

Den Guss zur Kartoffel-Gemüse-Mischung geben und alles sorgfältig vermengen.

Eine Springform mit Backpapier auslegen. Die Masse hineingeben und im vorgeheizten Backofen bei 200 Grad etwa 45 bis 50 Minuten backen.

Beilage
Dazu passt ein gemischter Blattsalat.

Klassischer Kartoffelsalat

Für 4 Personen
Zubereitung: 35–40 Minuten
Ziehen lassen: 30 Minuten

1 kg möglichst gleich große festkochende
    Kartoffeln

SAUCE
4 EL Rapsöl
3 EL Kräuteressig
1 EL milder Senf
100 ml Wasser
3 EL Sauerrahm
1½ TL Salz, Pfeffer aus der Mühle

½ Bund Pertersilie
1 Bund Schnittlauch

Die Kartoffeln unter fließendem kaltem Wasser waschen und mit der Schale in einem Siebeinsatz über siedendem Wasser weich kochen. Noch heiß schälen, in 5 mm dicke Scheiben schneiden und in eine große Schüssel geben.

Für die Sauce Öl, Essig und Senf gut verrühren, Wasser und Sauerrahm darunterrühren und mit Salz und Pfeffer würzen. Über die Kartoffeln gießen, sorgfältig vermengen und zugedeckt etwa 30 Minuten ziehen lassen.

Vor dem Servieren Petersilie und Schnittlauch fein schneiden und daruntermischen. Sollten die Kartoffeln zu viel Sauce aufgesaugt haben, nach Bedarf noch wenig Wasser zugeben.

Kartoffelpuffer mit Gurkenquark

Für 4 Personen
Zubereitung: 35 Minuten

8 mittelgroße Kartoffeln (etwa 1 kg)
1 TL Salz, Pfeffer aus der Mühle
Paprikapulver (edelsüß)
Bratbutter zum Ausbacken

GURKENQUARK
½ Nostrano-Gurke, ca. 120 g
  (siehe Produkthinweis)
600 g laktosefreier Quark
½ Bund Dill, fein geschnitten
Salz, Pfeffer aus der Mühle

Die Kartoffeln schälen und auf einer Gemüsereibe mittelfein reiben. Die Kartoffelmasse portionsweise zwischen den Händen gut ausdrücken. Mit Salz, Pfeffer und Paprikapulver würzen.

Wenig Bratbutter in einer beschichteten Bratpfanne nicht zu stark erhitzen. Von der Kartoffelmasse mehrere Häufchen in die Pfanne setzen, zu kleinen, flachen Küchlein formen und auf jeder Seite etwa 5 Minuten goldbraun backen. Sorgfältig wenden. Die fertig gebackenen Puffer auf einer Platte im vorgeheizten Backofen bei etwa 60 Grad warm stellen.

Für den Quark die Gurke schälen und grob reiben. Quark und Dill daruntermischen. Mit Salz und Pfeffer würzen. Zu den Kartoffelpuffern servieren.

Beilage
Eine Portion Karottensalat oder einen gemischten Saisonblattsalat dazu servieren.

Tipp
Zum Ausbacken die Puffer mit sehr wenig Dinkelmehl bestäuben, dann geht das Wenden in der Pfanne etwas einfacher.

Variante
Statt Gurkenquark pro Person ein bis zwei Spiegeleier braten.

Produkthinweis
Die Nostrano-Gurke ist kleiner und geschmacksintensiver als die Salatgurke. Da sie eine leicht stachelige und zähe Haut hat, sollte man sie schälen.

Kartoffel-Gemüse-Puffer

Für 4 Personen
Zubereitung: 35 Minuten

> 800 g festkochende Kartoffeln
> 100 g Zucchini
> 100 g Karotten
> 2 Eier
> 1 TL Salz, Pfeffer aus der Mühle
> Bratbutter zum Ausbacken

Die Kartoffeln schälen. Kartoffeln und Zucchini grob reiben. Die Karotten schälen und fein dazureiben. Die Kartoffeln und das Gemüse in einer Schüssel vermengen. Die Eier mit einer Gabel in einer kleinen Schale kräftig verklopfen, zur Kartoffel-Gemüse-Masse geben und gut vermengen. Mit Salz und Pfeffer kräftig würzen.

Wenig Bratbutter in einer beschichteten Bratpfanne nicht zu stark erhitzen. 2 bis 3 Esslöffel der Kartoffelmasse in die Pfanne geben, rund formen und bei mittlerer Temperatur auf beiden Seiten goldgelb ausbacken. Mithilfe von zwei Bratschaufeln vorsichtig wenden.

Die ausgebackenen Puffer auf einer Platte im vorgeheizten Backofen bei 60 Grad warm halten.

Beilage
Dazu passt ein gemischter Blattsalat.

Kartoffeltarte mit Tomaten

Für 4 Personen
Für ein rundes Backblech von 26–28 cm Durchmesser
Zubereitung: 20 Minuten
Backen: 30–40 Minuten

> 800 g Kartoffeln
> 2 Eigelb
> 1 Ei
> 200 ml laktosefreier Rahm
> Salz, Pfeffer aus der Mühle
> frisch geriebene Muskatnuss
> 250 g Tomaten
> 200 g Raclettekäse
> 2 TL getrockneter Oregano
> Butter zum Einfetten

Die Kartoffeln schälen und in feine Scheiben hobeln. Mit Eigelb, Ei und Rahm vermischen. Mit Salz, Pfeffer und Muskatnuss sehr kräftig würzen.

Ein rundes Backblech mit Butter gut einfetten. Die Kartoffeln mit dem Guss gleichmäßig darauf verteilen und im vorgeheizten Backofen bei 200 Grad etwa 30 Minuten backen.

Die Tomaten in dünne Scheiben schneiden. Den Raclettekäse grob reiben.

Die Kartoffeltarte mit den Tomatenscheiben belegen, mit Oregano bestreuen und den Raclettekäse darüber verteilen. Die Tarte im Backofen etwa 10 Minuten überbacken, bis der Käse geschmolzen ist.

Variante
Tomaten und Raclettekäse weglassen und dafür den gebackenen Kartoffelboden mit 150 g kleinen Ananaswürfeln, 50 g Schinkenwürfeln oder -scheiben sowie 150 g Mozzarella belegen. Im Ofen überbacken. Dazu einen Blattsalat servieren.

Kartoffeln mit Käse und Kräuterdip

Für 4 Personen
Zubereitung: 15–20 Minuten

1 kg festkochende Kartoffeln (z. B. Nicola, Charlotte)
50 g Weichkäse (z. B. Brie, Gorgonzola)
25 g Hartkäse (z. B. Greyerzer, Emmentaler)

KRÄUTERDIP
100 g laktosefreier Quark
100 g laktosefreier Hüttenkäse
3 EL Sauerrahm
1 Bund Schnittlauch, glattblättrige Petersilie
   oder Dill
wenig Salz, Pfeffer aus der Mühle

Die Kartoffeln unter fließendem Wasser gut waschen. In einem Topf über Dampf oder im Steamer weich garen.

Für den Dip Quark, Hüttenkäse und Sauerrahm gut verrühren. Die Kräuter fein schneiden und daruntermischen. Mit Salz und Pfeffer leicht würzen. In ein Schälchen füllen.

Kräuterdip und Käse zu den gekochten Kartoffeln servieren.

Beilage
Dazu passt ein Gemüse-Antipasto.

Italienisches Gemüse-Antipasto

Für 4 Personen als Beilage
Zubereitung: 20 Minuten

1 kleine Aubergine
1 mittelgroße Zucchini
1 Fleischtomate
2–3 EL kaltgepresstes Olivenöl
1 EL milder Aceto balsamico
1 TL Zitronensaft
einige Basilikumblätter
Pfeffer aus der Mühle, Salz

Den Stielansatz der Aubergine und der Zucchini wegschneiden, die Früchte in sehr feine Scheiben schneiden. Die Auberginenscheiben leicht salzen. Die Tomate am Blütenende kreuzweise einschneiden, kurz in kochendes Wasser legen, herausnehmen und die Haut abziehen. Den Stielansatz der Tomate herausschneiden, das Fruchtfleisch in sehr kleine Würfel schneiden.

Die Auberginenscheiben mit Küchenpapier trocken tupfen. Die Hälfte des Olivenöls in einer großen Bratpfanne leicht erhitzen und die Auberginen- und Zucchinischeiben beidseitig darin anbraten.

Das restliche Olivenöl mit Balsamico und Zitronensaft verrühren. Die Basilikumblätter sehr fein schneiden und darunterrühren. Mit Pfeffer und Salz würzen.

Die Auberginen und Zucchini auf einem großen Teller anrichten. Die Tomatenwürfel darüber verteilen und mit der Sauce beträufeln.

Mediterranes Ofengemüse mit Kartoffeln

Für 4 Personen
Zubereitung: 25 Minuten
Backen: 50 Minuten

250 g Fleischtomaten
200 g Zucchini
500 g Kartoffeln
2 Frühlingszwiebeln, nur das Grün
5 EL kaltgepresstes Olivenöl
Fleur de Sel oder Meersalz, wenig Pfeffer
  aus der Mühle
1 unbehandelte Zitrone, abgeriebene Schale
einige Zweige Thymian und Rosmarin

Den Stielansatz der Tomaten herausschneiden und die Tomaten in 8 mm dicke Scheiben schneiden. Die Zucchini in 8 mm dicke Scheiben schneiden. Die Kartoffeln schälen und ebenfalls in 8 mm dicke Scheiben schneiden. Das Zwiebelgrün in feine Ringe schneiden.

Eine große Gratinform mit wenig Olivenöl einpinseln. Zucchini, Kartoffeln, Tomaten und Zwiebelgrün abwechslungsweise einschichten. Dabei immer wieder mit Salz, Pfeffer und abgeriebener Zitronenschale würzen, mit Olivenöl beträufeln und Kräuterzweige dazwischenlegen.

Im vorgeheizten Backofen bei 180 Grad rund 50 Minuten backen. Die letzten 15 Minuten mit Folie abdecken.

Tipps

- Passt ausgezeichnet als Beilage zu einem Barbecue im Sommer, zum Beispiel mit gebratenem Fleischspieß, Pouletbrustfilet oder einer Bratwurst. Für Vegetarier eignet sich gebratener Halloumikäse oder ein Dip aus Sauerrahm und/oder Hüttenkäse.
- Für ein Grillfest mit Gästen: Die Menge der Zutaten verdoppeln oder verdreifachen und ein großes Backblech verwenden. Eine köstliche Gemüse-Kartoffel-Beilage, die sich im Voraus einfach und schnell zubereiten lässt!

Varianten

- Zucchini durch Fenchel oder Radicchio (Cicorino rosso) ersetzen.
- Auch eine Kombination aus Karotten- und Pastinakenscheiben sowie Kartoffeln schmeckt ausgezeichnet. Die Garzeit entsprechend anpassen.

Raclette mit Kartoffeln in der Schale

Für 4 Portionen
Zubereitung: 10 Minuten
Garen (Kartoffeln): 15–20 Minuten
Zubehör: Raclette-Ofen

> 800 g kleine festkochende Kartoffeln (z. B. Nicola)
> 600 g Schweizer Raclettekäse, in 5 mm dicke
>   Scheiben geschnitten
> schwarzer Pfeffer aus der Mühle
> Paprikapulver (edelsüß)
> 2 Gewürzessiggurken

Die Kartoffeln waschen und mit der Schale über Dampf oder im Steamer weich kochen. Einen Korb mit einem dicken Geschirrtuch auslegen (oder einen speziellen gefütterten Korb verwenden) und die heißen Kartoffeln so eingepackt auf dem Esstisch warm halten.

Die Käsescheiben in die Raclettepfännchen geben und im heißen Racletteofen schmelzen lassen. Der Käse sollte nicht braun werden. Nach etwa 2 bis 3 Minuten den geschmolzenen Käse mit einem Holz- oder Kunststoffspachtel aus dem Pfännchen direkt auf den Teller schaben und nach Belieben mit Pfeffer oder Paprikapulver würzen.

Die Kartoffeln und in Scheiben geschnittene Essiggurken dazu servieren.

Beilage

Dazu passt Karottensalat mit Orangen (siehe Seite 128) oder Nüsslisalat mit Baumnüssen (siehe Seite 96, ohne Ei).

Varianten

Nach Belieben zusätzlich sehr dünn geschnittene Tomatenscheiben, Schinken- oder Ananaswürfel auf die Käsescheiben legen und schmelzen lassen.

Tipp

Wenn kein Racletteofen vorhanden ist, kann man ersatzweise gekochte Kartoffeln in eine Gratinform legen, mit Raclettekäse belegen und im heißen Backofen (mit Grillfunktion) überbacken, bis der Käse schmilzt.

Gefüllte Omeletts mit Hackfleisch

Für 4 Personen
Zubereitung: 35 Minuten
Teigruhe: 30 Minuten

TEIG
4 Eier
400 ml laktosefreie Milch
120 g Dinkelmehl
½ TL Salz
wenig Öl zum Ausbacken

FÜLLUNG
1 Frühlingszwiebel, nur das Grün
2 EL kaltgepresstes Olivenöl
500 g gehacktes Rindfleisch
200 g rote Peperoni (Paprika) oder Tomaten
1 TL Paprikapulver (edelsüß)
Salz, Pfeffer aus der Mühle
140 g Süßmais (aus der Dose)

Die Zutaten für den Teig in einer Schüssel mit dem Schneebesen kräftig verrühren und zugedeckt im Kühlschrank etwa 30 Minuten ruhen lassen.

Das Zwiebelgrün fein schneiden. Die Peperoni (oder Tomaten) halbieren, von Stielansatz und Kernen befreien und in feine Streifen, dann in kleine Würfel schneiden.

In einer beschichteten Bratpfanne das Öl erhitzen, die Zwiebel darin andünsten, das Hackfleisch beifügen und unter ständigem Wenden gut anbraten. Die Peperoniwürfel (oder Tomaten) dazugeben. Mit Paprikapulver, Salz und Pfeffer kräftig würzen. Etwa 10 Minuten bei mittlerer Temperatur köcheln lassen. Den Süßmais untermischen.

In einer beschichteten Bratpfanne wenig Öl nicht zu stark erhitzen. Aus dem Teig etwa 8 Omeletts ausbacken, mit Hackfleischfüllung belegen und aufrollen.

Tipp
Zusätzlich Sauerrahm auf die Omeletts verteilen, mit wenig geschnittenem Eisbergsalat belegen und dann die Hackfleischfüllung darauf verteilen.

Variante (FODMAP-arm)
Für den Teig das Dinkelmehl durch Maismehl ersetzen (siehe Seite 68).

Weitere Füllungen (zum Kaltessen und für die Lunchbox zum Mitnehmen)
* Räuchertofu, Tomaten, Gurken mit einem Currydip aus Sauerrahm
* Gebratene Pouletstreifen, geriebene Karotten, Eisbergsalat mit Cocktailsauce (Sauerrahm, Mayonnaise und Ketchup gemischt)
* Rohschinken, Rucola, Tomaten und Mozzarella
* Gedünsteter Blattspinat, Cherrytomaten, Fetawürfel

Frikadellen mit Tomaten und Käse überbacken

Für 4 Personen
Zubereitung: 15 Minuten
Überbacken: 15 Minuten

> 400 g gehacktes Rindfleisch
> 1 großes Ei
> 1 Bund Petersilie
> ½ TL Salz, Pfeffer aus der Mühle
> ½ TL Paprikapulver (edelsüß)
> 1 EL Olivenöl
> 2 kleine Tomaten
> 100 g Taleggio oder Appenzeller Käse

In einer Schüssel Hackfleisch und Ei vermischen. Die Petersilie fein hacken, dazugeben und mit Salz, Pfeffer und Paprikapulver würzen. Alles von Hand gut durchkneten. Aus der Masse 8 gleich große Kugeln formen und flach drücken.

In einer großen beschichteten Bratpfanne wenig Öl nicht zu stark erhitzen und die Frikadellen bei mittlerer Temperatur auf beiden Seiten braten.

Den Stielansatz der Tomaten herausschneiden und die Tomaten in etwa 7 mm dicke Scheiben schneiden. Den Käse in Scheiben schneiden. Die gebratenen Frikadellen jeweils mit einer Tomatenscheibe belegen und eine Käsescheibe darüberlegen.

In der oberen Hälfte des vorgeheizten Backofens bei 200 Grad etwa 5 Minuten überbacken, bis der Käse leicht geschmolzen ist.

Beilagen
Dazu passen Rosmarin-Bratkartoffeln und gedämpfte Karotten (oder Karottensalat).

Variante
Tomaten und Käse weglassen und als Gemüsebeilage 500 g halbierte Cherrytomaten in wenig heißem Olivenöl unter Schütteln der Pfanne kurz andünsten. Mit Salz und Pfeffer leicht würzen und nach Belieben wenig fein geschnittenes Basilikum beifügen.

Lunchbox
Die fertig gebratenen Frikadellen – ohne Überbacken mit Tomaten und Käse – schmecken auch kalt sehr gut und lassen sich zum Lunch und für unterwegs mitnehmen.

Tipps
– Statt Petersilie Schnittlauch verwenden.
– Eine kleine Zucchini (ca. 100 g) grob reiben und unter das Hackfleisch mischen.

Rosmarin-Bratkartoffeln

Für 4 Personen
Zubereitung: 15 Minuten

> 800 g mittelgroße festkochende Kartoffeln
> einige Zweige Rosmarin
> 1–2 EL Olivenöl
> grobes Meersalz

Die Kartoffeln schälen und der Länge nach vierteln. Die Rosmarinnadeln von den Zweigen streifen und sehr fein hacken.

In einer großen beschichteten Bratpfanne die Kartoffelschnitze im heißen Olivenöl anbraten, den Rosmarin darüberstreuen und salzen.

Bei mittlerer Temperatur zugedeckt etwa 15 Minuten braten. Die Kartoffelschnitze immer wieder sorgfältig wenden oder die Pfanne kräftig schütteln.

Hackbraten

Für 4 Personen
Zubereitung: 15 Minuten
Backen: 50 Minuten

500 g gehacktes Rindfleisch
1 Ei
2 EL scharfer Senf
1 TL mildes Paprikapulver
1 TL Salz, Pfeffer aus der Mühle
1 Dinkelbrötchen (ca. 80 g)
50 ml Wasser
2 mittelgroße Karotten
½ Bund Thymian
ca. 4 EL Olivenöl

Hackfleisch, Ei, Senf, Paprikapulver und Salz in eine große Schüssel geben. Mit Pfeffer kräftig würzen und alles leicht vermengen.

Das Brötchen in kleine Würfel schneiden, mit Wasser übergießen, leicht zerzupfen und zur Fleischmischung geben. Die Karotten schälen und fein dazureiben. Die Thymianblättchen von den Zweigen streifen und beigeben. Alles von Hand gut verkneten und zu einem Hackbraten formen.

Eine große Gratinform oder eine beschichtete Bratbackform (Bräter) mit Olivenöl ausstreichen und den Hackbraten hineinlegen.

In der unteren Hälfte des vorgeheizten Backofens bei gut 220 Grad etwa 20 Minuten backen. Dann Temperatur auf 200 Grad reduzieren und den Hackbraten weitere rund 30 Minuten backen. Damit er nicht austrocknet, immer wieder mit Olivenöl bestreichen.

Paprika-Tomaten-Sauce

Zubereitung: 10 Minuten
Kochen: 10–15 Minuten

200 g rote Peperoni (Paprika)
1 Frühlingszwiebel, nur das Grün
2 EL Olivenöl
2 ganze geschälte Knoblauchzehen
400 g gehackte Tomaten aus der Dose (Pelati)
100 ml laktosefreier Rahm
Salz, Pfeffer aus der Mühle

Die Haut der Peperoni mit einem Sparschäler sehr dünn abschälen. Die Peperoni in kleine Würfelchen schneiden. Das Zwiebelgrün klein schneiden.

In einem Topf das Olivenöl leicht erhitzen, die ganzen Knoblauchzehen darin einige Minuten dünsten, anschließend herausnehmen und wegwerfen.

Zwiebelgrün und Peperoni darin andünsten. Die gehackten Tomaten dazugeben und zugedeckt bei milder Temperatur etwa 10 bis 15 Minuten köcheln lassen.

Mit dem Pürierstab fein pürieren, den Rahm dazugießen und nochmals kurz pürieren. Mit Salz und Pfeffer abschmecken.

Dazu passt selbst gemachtes Kartoffelpüree (siehe Seite 126).

Kartoffelpüree (Grundrezept)

Für 4–6 Personen
Zubereitung: 15 Minuten
Kochen: 15 Minuten

1 kg mehligkochende Kartoffeln (z. B. Agria, Bintje)
Salz
250 ml heiße laktosefreie Milch
1 TL Butter
wenig frisch geriebene Muskatnuss

Die Kartoffeln schälen und in mittelgroße Würfel schneiden. In einem Topf Salzwasser zum Kochen bringen, die Kartoffelwürfel beifügen und bei mittlerer Temperatur etwa 15 Minuten weich kochen. Das Wasser abgießen und die Kartoffelwürfel kurz stehen lassen, damit die restliche Feuchtigkeit verdampfen kann. Dann mit dem Kartoffelstampfer zerdrücken (oder durch Passevite oder Kartoffelpresse treiben). Die heiße Milch langsam mit dem Schneebesen darunterschlagen und die Butter daruntermischen. Mit Salz und Muskatnuss würzen.

Das Kartoffelpüree sollte schön luftig und locker sein. Wenn die Konsistenz zu fest ist, zusätzlich noch etwas Milch unterrühren.

Tipps und Varianten

- mit Karotten: 700 g Kartoffeln und 300 g Karotten verwenden.
- mit Kürbis: 900 g Kartoffeln und 120 g Kürbis (Sorte Hokkaido) verwenden.
- mit Sellerie: 800 g Kartoffeln und 200 g Knollensellerie verwenden.
- Blaues Kartoffelpüree: Spezielle blaue Kartoffelsorten (z. B. Blaue Schweden, Blaue St. Galler) ergeben ein hellviolettes Kartoffelpüree.
- mit Trüffel: zusätzlich mit 2 TL Trüffelöl aromatisieren.
- mit Spinat: 3 Würfel tiefgekühlten, ungewürzten Blattspinat auftauen lassen, gut ausdrücken und fein pürieren. Unter das fertige Kartoffelpüree rühren.
- mit Safran: 1 Brieflein Safranpulver in wenig Milch auflösen und unter das Kartoffelpüree rühren.

Lunchbox

Reste vom Hackbraten (Seite 119) und Kartoffelpüree in ein gut verschließbares Plastikgefäß geben und am nächsten Tag zum Mittagessen mitnehmen. In der Mikrowelle aufwärmen.

Hirsotto mit Gemüse

Für 4 Personen
Zubereitung: 25 Minuten
Kochen und Quellen: 30 Minuten

500 ml Wasser
200 g Hirse
½ TL Kurkumapulver (Gelbwurz)
150 ml laktosefreier Rahm
4 EL geriebener Parmesan

GEMÜSE
1 Frühlingszwiebel, nur das Grün
250 g Karotten
250 g Pfälzer Karotten
200 g Knollensellerie
2 EL kaltgepresstes Olivenöl
Wasser nach Bedarf
100 ml laktosefreier Rahm
Salz, Pfeffer aus der Mühle
½ Bund glattblättrige Petersilie

50 g Pinienkerne

Das Wasser in einem Topf aufkochen, Hirse und Kurkuma beifügen und bei mittlerer Temperatur 10 Minuten köcheln lassen. Anschließend zugedeckt auf der abgeschalteten Herdplatte etwa 15 Minuten quellen lassen.

Inzwischen das Zwiebelgrün in feine Ringe schneiden. Das Gemüse schälen und in kleine Stifte schneiden. Zuerst das Zwiebelgrün, dann die Gemüsestifte im heißen Olivenöl andünsten. Nach Bedarf wenig Wasser dazugeben. Etwa 10 bis 15 Minuten bei mittlerer Temperatur bissfest garen. Dann den Rahm beifügen und mit Salz und Pfeffer würzen. Die Petersilie fein schneiden und daruntermischen.

Die Pinienkerne ohne Fettzugabe in einer beschichteten Bratpfanne kurz rösten, bis sie fein duften.

Rahm und Käse unter die Hirse mischen und mit Salz und Pfeffer abschmecken. Den Hirsotto zum Gemüse servieren und mit den gerösteten Pinienkernen bestreuen.

Tipp
Geriebenen Parmesan dazu reichen.

Hirsebratlinge auf Ratatouillegemüse

Für 4 Personen
Zubereitung: 30 Minuten
Kochen und Quellen: 40 Minuten

250 g Hirse
ca. 500 ml Wasser
½ TL Salz
1 großes Lorbeerblatt
mildes Paprikapulver
2 Eier
Olivenöl zum Braten
ca. 8 Scheiben Raclettekäse (ca. 150 g)

RATATOUILLE
200 g Cherrytomaten
150 g gelbe Peperoni (Paprika)
250 g Zucchini
2 EL Olivenöl
½ Bund Basilikum, fein geschnitten

Die Hirse mit Wasser, Salz und Lorbeerblatt kurz aufkochen, dann die Temperatur reduzieren und etwa 15 Minuten köcheln lassen, gelegentlich umrühren. Anschließend zugedeckt auf der abgeschalteten Herdplatte weitere 15 Minuten quellen lassen. Auskühlen lassen. Das Lorbeerblatt entfernen und die Hirse mit Paprikapulver und nach Bedarf mit Salz abschmecken.

Für das Ratatouille die Cherrytomaten halbieren, Peperoni und Zucchini in mittelgroße Würfel schneiden. In einer Pfanne das Olivenöl leicht erhitzen, die Gemüsewürfel (ohne Tomaten) darin andünsten. Nach Bedarf etwas Wasser beifügen. Das Basilikum fein schneiden und daruntermischen. Etwa 10 Minuten unter leichtem Schütteln der Pfanne bei mittlerer Temperatur bissfest garen. Während der letzten 2 bis 3 Minuten die halbierten Tomaten kurz mitgaren. Das Gemüse in einer großen Gratinform verteilen.

Die Eier mit einer Gabel verklopfen, zur gekochten Hirse geben und vermengen. Mit einem Eisportionierer von der Masse 8 gleich große Kugeln abstechen, leicht flach drücken und in wenig heißem Olivenöl bei mittlerer Temperatur auf beiden Seiten goldgelb braten. Vorsichtig wenden.

Die Bratlinge jeweils mit einer Käsescheibe belegen und auf das Ratatouillegemüse setzen. In der oberen Hälfte des vorgeheizten Backofens mit Grillfunktion bei 200 Grad knapp 10 Minuten überbacken, bis der Käse geschmolzen ist.

Gemüse-Moussaka

Für 4 Personen
Zubereitung: 20–25 Minuten
Backen: 40 Minuten

200 g Auberginen
200 g Zucchini
wenig Olivenöl zum Beträufeln
800 g in der Schale gekochte Kartoffeln
  vom Vortag
200 g Fleischtomaten
½ Bund Thymian
Pfeffer aus der Mühle, Salz

BÉCHAMELSAUCE
550 ml laktosefreie Milch
40 g Butter
40 g Maisstärke
Salz, Pfeffer aus der Mühle
frisch geriebene Muskatnuss

Olivenöl für die Form

100 g geriebener Parmesan zum Bestreuen

Ein großes Backblech mit Backpapier belegen. Die Auberginen und Zucchini der Länge nach in etwa 8 mm dicke Scheiben schneiden. Auf dem Blech verteilen und mit Olivenöl beträufeln. Im vorgeheizten Ofen bei 200 Grad etwa 15 Minuten backen.

Inzwischen die Kartoffeln schälen. Kartoffeln und Tomaten in etwa 1 cm dicke Scheiben schneiden. Die Blättchen von den Thymianzweigen abstreifen.

Für die Sauce 400 ml Milch und die Butter in einem Topf erwärmen. Die Maisstärke mit der restlichen Milch kräftig verrühren und dazugeben. Aufkochen und bei mittlerer Temperatur unter ständigem Rühren köcheln lassen, bis die Sauce leicht bindet. Mit Salz, Pfeffer und Muskatnuss abschmecken.

Die Zucchini-, Auberginen-, Kartoffel- und Tomatenscheiben abwechslungsweise in eine mit Olivenöl eingefettete große Gratinform einschichten. Die einzelnen Schichten mit Thymianblättchen, Salz und Pfeffer würzen. Mit Sauce übergießen und am Schluss mit Parmesan bestreuen.

Im vorgeheizten Backofen bei 200 Grad etwa 25 Minuten überbacken.

Kräuterkartoffeln nach Bauernart

Für 4 Personen
Zubereitung: 20 Minuten
Schmoren: 30 Minuten

600 g festkochende Kartoffeln
  (z. B. Nicola, Charlotte, Stella)
einige Blätter Salbei
2 Zweige Thymian
1 Zweig Rosmarin
200 g Tomaten
2 EL kaltgepresstes Olivenöl
etwa 400 ml Wasser
Salz, Pfeffer aus der Mühle

Die Kartoffeln schälen und in kleine Würfel schneiden. Die Kräuter möglichst fein hacken. Die Tomaten am Blütenende kreuzweise einschneiden und kurz in kochendes Wasser legen. Die Haut abziehen, den Stielansatz kreisförmig herausschneiden und das Fruchtfleisch in kleine Würfel schneiden.

Die Kartoffelwürfel in einer Pfanne im heißen Olivenöl andünsten, das Wasser dazugießen und einige Minuten köcheln lassen. Die Tomatenwürfel und Kräuter dazugeben. Mit Salz und Pfeffer kräftig würzen.

Die Kartoffeln bei milder Temperatur ohne Deckel etwa 30 Minuten köcheln lassen, bis die Flüssigkeit eingekocht ist. Falls nötig mehr Wasser beigeben. Nach Bedarf nochmals mit den Gewürzen abschmecken.

Variante
Frische Tomaten durch 300 g gehackte Dosentomaten (Pelati) ersetzen.

Beilagen
Dazu pro Person 120–150 g gebratene Fischfilets (z. B. Egli, Zander) oder Kalbsschnitzel und nach Belieben gedämpftes Karottengemüse oder einen Blattsalat servieren.

Kalbssteak am Spieß mit Gemüse

Für 4 Personen
Zubereitung: 30 Minuten
Zubehör: 4 lange Fleischspieße

2 magere Kalbssteaks, dick geschnitten (je 180 g)
200 g rote Peperoni (Paprika)
250 g Zucchini
1 unbehandelte Zitrone
Salz, Pfeffer aus der Mühle
8 Cipollata-Würstchen
5 EL Olivenöl
4 Zweige (Zitronen-)Thymian

Die Steaks der Länge nach halbieren und jede Hälfte in 3 gleich große Würfel schneiden. Die Peperoni in mittelgroße Stücke schneiden. Die Zucchini in 2 cm dicke Scheiben schneiden. Die Zitrone gut waschen, trocknen, halbieren und quer in Scheiben schneiden.

Vier lange Spieße leicht einölen. Die Fleischwürfel mit Salz und Pfeffer würzen und abwechslungsweise mit Peperonistücken, Zucchinischeiben und Cipollata-Würstchen auf die Spieße stecken, die Zitronenscheiben immer vor und nach den Fleischwürfeln aufspießen.

Die Thymianblättchen von den Zweigen zupfen, fein hacken und mit Olivenöl verrühren. Mit Salz und Pfeffer würzen. Die Spieße damit bestreichen.

Eine beschichtete Grill- oder Bratpfanne gut erhitzen und die Spieße kurz darin anbraten, dann bei mittlerer Temperatur je nach Dicke der Fleischwürfel auf jeder Seite etwa 4 Minuten (insgesamt ca. 8 Minuten) braten.

Tipp
Kalbssteaks durch Schweinesteaks (vom Nierstück) oder Pouletbrüstchen ersetzen.

Beilagen
Dazu passen Folienkartoffeln mit Sauerrahm oder Kartoffelgratin oder Ofenfrites (siehe Seite 129).

Folienkartoffeln mit Sauerrahm

Für 4 Personen
Zubereitung: 10 Minuten
Dampfgaren: 15 Minuten

4 große mehligkochende Kartoffeln
1 Bund Schnittlauch
250 g Sauerrahm

Die Kartoffeln in der Schale in einem Siebeinsatz über Dampf oder im Steamer weich garen. Jeweils ein großes Stück Alufolie zweimal zusammenfalten, die Kartoffeln einzeln darin einpacken und im vorgeheizten Backofen bei etwa 100 Grad warm halten.

Den Schnittlauch fein schneiden und mit dem Sauerrahm vermischen.

Die Alufolie leicht öffnen. Die Kartoffel der Länge nach leicht einschneiden und etwas auseinanderdrücken (Achtung: heiß!). Einen Klecks Sauerrahm in den Einschnitt geben.

Variante
Sauerrahm durch laktosefreien Quark ersetzen oder einen Gurkenquark (Tzatziki) zubereiten (siehe Seite 108).

Rösti aus rohen Kartoffeln

Für 4 Personen (Beilage)
Zubereitung: 40 Minuten

> 1 kg festkochende Kartoffeln
> (z. B. Charlotte, Nicola)
> 1 TL Salz
> 1 EL Bratbutter zum Ausbacken

Die Kartoffeln schälen, grob reiben und salzen.

Wenig Bratbutter in einer beschichteten Bratpfanne erhitzen, die Kartoffeln darin einige Minuten anbraten, dabei mit einer Bratschaufel immer wieder wenden. Danach zu einem runden Kuchen formen und zugedeckt 15 Minuten bei milder Temperatur goldbraun braten.

Zum Wenden einen flachen Teller auf die Rösti legen und diese auf den Teller stürzen. Wenig Bratbutter in die Pfanne geben und die Rösti sorgfältig wieder in die Pfanne gleiten lassen. Weitere etwa 15 Minuten ohne Deckel fertig braten, bis sie goldbraun ist. Die Bratzeit ist abhängig von der Pfannengröße bzw. von der Dicke der Rösti.

Tipp
Schneller geht es mit gekochten Kartoffeln.

Beilagen
Dazu passt Schnittlauchquark oder pro Person 1 bis 2 Spiegeleier sowie ein Karotten- oder Blattsalat.

Schnittlauchquark

300 g laktosefreier Quark
1 Bund Schnittlauch, fein geschnitten
Kräutersalz
Paprikapulver (edelsüß)

Quark und Schnittlauch vermengen und mit wenig Kräutersalz und Paprikapulver würzen.

Karottensalat mit Orangen

Für 4 Personen (Beilage)
Zubereitung: 15 Minuten

> Orangenfilets von 1 Orange
> 400 g Karotten
> 6 Baumnusskerne (Walnusskerne)
>
> SAUCE
> 3 EL Olivenöl
> 50 ml frisch gepresster Orangensaft (½ Orange)
> 3 EL frisch gepresster Zitronensaft (½ bis 1 Zitrone)
> Salz, Pfeffer aus der Mühle

Die Orange oben und unten kappen, die Schale samt der bitteren weißen Haut großzügig wegschneiden. Mit einem scharfen Messer die Orangenfilets zwischen den Trennhäuten herausschneiden. Den Saft auffangen.

Für die Sauce alle Zutaten verrühren, den Saft vom Filetieren der Orangen beigeben, mit Salz und Pfeffer würzen.

Die Karotten schälen, fein reiben und mit der Sauce vermengen. Die Baumnüsse grob zerkleinern und daruntermischen. Den Karottensalat mit den Orangenfilets dekorieren.

Klassischer Kartoffelgratin

Für 4 Personen (Beilage)
Zubereitung: 25 Minuten
Backen: 35 Minuten

> 1 kg festkochende Kartoffeln (z. B. Nicola, Charlotte)
> 400 ml laktosefreie Milch
> 300 ml laktosefreier Rahm
> Salz
> frisch geriebene Muskatnuss
> wenig Pfeffer aus der Mühle
> 60 g Greyerzer Käse, gerieben
> Butter zum Einfetten

Die Kartoffeln schälen und in 3 mm feine Scheiben schneiden.

In einem großen Topf die Milch und den Rahm aufkochen. Mit Salz, Muskatnuss und wenig Pfeffer kräftig würzen. Die Kartoffelscheiben portionsweise hineingeben und unter ständigem, sorgfältigem Rühren leicht köcheln lassen. Von der Herdplatte ziehen, sobald die Flüssigkeit schön sämig wird und die Kartoffelscheiben knapp weich sind.

Eine Gratinform (25 × 30 cm) mit Butter einfetten und die Kartoffeln hineingeben. Die Kartoffeln müssen gut mit Flüssigkeit bedeckt sein, sonst zusätzlich mit etwas Milch übergießen. Mit geriebenem Käse bestreuen.

Im vorgeheizten Backofen bei 180 Grad etwa 35 Minuten backen.

Tipps
- Durch das leichte Vorköcheln der Kartoffeln bindet die austretende Kartoffelstärke die Milch-Rahm-Flüssigkeit und ergibt so einen schön sämigen Guss.
- Der Kartoffelgratin lässt sich gut im Voraus zubereiten und zugedeckt im Kühlschrank aufbewahren. Kühl gestellten Gratin bereits beim Aufheizen des Backofens in den Ofen stellen und dann überbacken.

- Schneller geht es, die rohen Kartoffelscheiben direkt in die Gratinform einzuschichten und den Guss darüberzugießen. Die Garzeit im Ofen dauert dann jedoch länger (ca. 50 Minuten).

Ofenfrites

Für 4 Personen (Beilage)
Zubereitung: 5–10 Minuten
Backen: 40 Minuten

> 800 g festkochende Kartoffeln
> ca. 2 EL Olivenöl
> 1 gestrichener TL Salz

Die Kartoffeln unter fließendem kaltem Wasser gut bürsten, trocken reiben und ungeschält in längliche Schnitze schneiden. In einer Schüssel mit dem Olivenöl gut vermengen. Auf einem mit Backpapier belegten großen Backblech gleichmäßig verteilen und salzen.

Im vorgeheizten Backofen bei 200 Grad rund 40 Minuten backen. Die Garzeit ist abhängig von der Dicke der Kartoffelschnitze.

Hinweis
Fertig gekaufte tiefgekühlte Kartoffelschnitze sind meist gewürzt und enthalten Knoblauch oder Zwiebeln. Selbst gemachte Ofenkartoffeln sind einfach zuzubereiten, und man kann mit Kräutern wie zum Beispiel Rosmarin oder (Zitronen-)Thymian nach Belieben würzen.

Klassische Saltimbocca

Für 4 Personen
Zubereitung: 35 Minuten

> 8 kleine zarte Kalbsschnitzel
>   (ca. 500 g, z. B. Huft/Hüfte)
> 8 kleine Scheiben Rohschinken
> 8 Salbeiblätter
> 1 EL Bratbutter
> 100 ml trockener Sherry
> 10 g kalte Butter

Die Kalbsschnitzel mit einer Klarsichtfolie bedecken und mit dem Teigroller oder Fleischklopfer etwas flach klopfen. Auf jedes Schnitzel eine Scheibe Rohschinken und ein Salbeiblatt legen und mit einem Holzzahnstocher befestigen.

In einer beschichteten Bratpfanne die Bratbutter erhitzen. Die Kalbsschnitzel portionsweise zuerst auf der Rohschinkenseite 1 Minute, dann auf der zweiten Seite 2 Minuten braten. Warm stellen.

Den Bratensatz mit dem Sherry auflösen und fast ganz einkochen lassen. Die kalte Butter einrühren, die Sauce darf nicht mehr kochen. Über das Fleisch träufeln und die Saltimbocca sofort heiß servieren.

Beilagen
Dazu passen Ofenkartoffeln mit Sesam oder Safranrisotto (siehe Seite 142) sowie ein Ratatouillegemüse (siehe Seite 122) oder eine Gemüsebeilage (z. B. Karotten).

Ofenkartoffeln mit Sesam

Für 4 Personen (Beilage)
Zubereitung: 5 Minuten
Backen: 20–25 Minuten

> 600 g mittelgroße festkochende Kartoffeln
>   (z. B. Nicola, Charlotte)
> wenig Olivenöl
> grobes Meersalz
> ungeschälter heller oder schwarzer Sesam

Die Kartoffeln gut waschen und ungeschält der Länge nach halbieren. Auf ein mit Backpapier belegtes großes Blech geben. Mit einem Backpinsel die Schnittflächen mit Olivenöl bestreichen, mit Meersalz und Sesam bestreuen.

In der Mitte des vorgeheizten Backofens bei 200 Grad etwa 20 bis 25 Minuten backen (je nach Größe und Dicke der Kartoffeln).

Tipp
Schwarzer Sesam ist in Asialäden oder im Reformfachhandel erhältlich.

Variante:
Poulet-Saltimbocca mit Kartoffeln aus dem Ofen

Für 4 Personen
Zubereitung: 35 Minuten
Garen im Ofen: 30 Minuten

Tipp
Dazu passt gedämpftes Krautstielgemüse (Mangold) oder ein gemischter Blattsalat.

500 g kleine festkochende Kartoffeln
1 EL Olivenöl
Salz
4 Pouletbrüstchen, je 120 g
4 EL Senf
8 Scheiben Rohschinken
8 Salbeiblätter
Pfeffer aus der Mühle
Olivenöl zum Einfetten der Form
200 g rote Cherrytomaten

Die Kartoffeln schälen und der Länge nach halbieren. In einer Bratpfanne das Olivenöl erhitzen, die Kartoffeln beigeben, leicht salzen und bei mittlerer Temperatur unter gelegentlichem Wenden braten.

Inzwischen die Pouletbrüstchen mit Klarsichtfolie bedecken und mit dem Teigroller oder Fleischklopfer sorgfältig flach klopfen. Mit Senf bestreichen und mit einer Scheibe Rohschinken und einem Salbeiblatt belegen. Einrollen, mit Pfeffer würzen. Dann die Röllchen mit einer zweiten Scheibe Rohschinken ganz umwickeln und ein zweites Salbeiblatt mit einem Holzzahnstocher daran befestigen.

Eine Gratinform mit Olivenöl einfetten. Die Pouletröllchen zusammen mit den Cherrytomaten in die Form legen und im vorgeheizten Backofen bei 200 Grad rund 15 bis 20 Minuten (je nach Dicke der Rollen) garen.

Anschließend die weich gebratenen Kartoffeln zu den Röllchen in die Form geben und bei leicht geöffneter Ofentür und ausgeschalteter Temperatur weitere 10 Minuten durchgaren lassen.

Käsewähe mit Frühlingssalat

Für 4 Personen
Für ein Kuchenblech von 28 cm Durchmesser
Zubereitung: 25 Minuten
Kühl stellen: 30 Minuten
Backen: 30–35 Minuten

150 g Dinkelmehl
50 g Maismehl
½ TL Salz
60 g kalte Butter
100 g laktosefreier Joghurt
60 g laktosefreier Quark

BELAG
3 Eier
150 g Greyerzer, gerieben
100 g Emmentaler, gerieben
150 ml laktosefreie Milch
250 g laktosefreier Joghurt
½ TL Salz, Pfeffer aus der Mühle
frisch geriebene Muskatnuss

Beide Mehlsorten und das Salz in einer Schüssel mischen. Die Butter in kleinen Stückchen dazugeben und mit dem Mehl zwischen den Händen krümelig verreiben. Joghurt und Quark beifügen und alles rasch zu einem Teig verarbeiten (nicht kneten). Den Teig zu einer Kugel formen, etwas flach drücken und in einem Haushaltsbeutel 30 Minuten kühl stellen.

Inzwischen für den Belag die Eier in einer Schüssel mit dem Schneebesen kräftig verrühren. Die beiden Käsesorten, Milch und Joghurt darunterrühren. Mit Salz, Pfeffer und Muskatnuss würzen.

Den Teig etwa 32 cm groß ausrollen und auf ein mit Backpapier belegtes Kuchenblech (28 cm Durchmesser) geben. Den Teig gut in die Form drücken und einen schönen Rand formen. Den Teigboden mit einer Gabel mehrmals einstechen.

Die Käsemischung auf den Teigboden gießen und in der unteren Hälfte des vorgeheizten Backofens bei 200 Grad etwa 30 bis 35 Minuten backen. Gegen Ende der Backzeit mit Alufolie abdecken.

Tipp
Der Teig lässt sich gut im Voraus zubereiten. Am besten zu einer Kugel formen, flach drücken und eingepackt in einem Plastikbeutel tiefkühlen. Bei Bedarf über Nacht auftauen lassen. Zur weiteren Verwendung leicht bemehlen und auf die Größe des Backblechs ausrollen.

Variante mit Kartoffeln
Nur die Hälfte der Käsemenge nehmen und dafür zusätzlich zwei mittelgroße gekochte Kartoffeln schälen, grob reiben und unter die Käsemasse mischen.

Beilage
Dazu passt ein frischer Blattsalat, zum Beispiel ein Frühlingssalat mit Kresse (siehe Seite 134).

Frühlingssalat mit Kresse

Für 4 Personen
Zubereitung: 15 Minuten

100 g Nüsslisalat (Feldsalat)
100 g Schnittsalat (Pflücksalat)
4 Radieschen
50 g Kresse
2 EL Baumnüsse (Walnusskerne)

SAUCE
2 EL Olivenöl oder Rapsöl
2 EL milder Kräuteressig
2 EL Wasser
1 TL Senf
Salz, Pfeffer aus der Mühle

Den Blattsalat waschen und trocken schleudern. Die Radieschen in feine Scheiben schneiden. Mit der Kresse sorgfältig vermischen. Die Baumnüsse grob hacken.

Für die Sauce Öl, Essig, Wasser und Senf gut verrühren und mit Salz und Pfeffer würzen.

Die Sauce über den Salat verteilen und mit gehackten Baumnüssen bestreuen.

Variante

Je nach Saison andere Blattsalatsorten wählen und die Radieschen zum Beispiel durch Cherrytomaten, grob geriebene Karotten oder Salatgurken ersetzen.

Maisnudeln mit Spinat und Räucherlachs

Für 4 Personen
Zubereitung: 35 Minuten

500 g frischer Blattspinat
1 Frühlingszwiebel, nur das Grün
2 EL Olivenöl
350 g laktosefreier Frischkäse
1 unbehandelte Zitrone, abgeriebene Schale
Salz, Pfeffer aus der Mühle
frisch geriebene Muskatnuss
400 g Maisnudeln (z. B. Spiralen)
150 g geräucherter Lachs
50 g Pinienkerne
50 g Parmesan am Stück

Den Blattspinat waschen, trocken schleudern und grobe Stiele wegschneiden. Das Zwiebelgrün in feine Ringe schneiden. Das Olivenöl in einer Pfanne leicht erhitzen. Zwiebelgrün und Spinat darin andünsten, bis die Spinatblätter zusammenfallen. Den Frischkäse dazugeben und schmelzen lassen. Die Zitronenschale beigeben und alles gut verrühren. Mit Salz, Pfeffer und Muskatnuss würzen.

Die Maisnudeln in siedendem Salzwasser al dente kochen, abgießen und mit dem Spinat vermengen. Den Räucherlachs in schmale Streifen schneiden und daruntermischen.

Die Pinienkerne in einer Bratpfanne ohne Fettzugabe kurz rösten, bis sie fein duften. Den Parmesan mit einem Sparschäler in dünne Späne hobeln. Pinienkerne und Parmesanspäne über die Nudeln geben. Heiß servieren.

Tipp für Eilige

Statt frischen Blattspinat tiefgekühlten Blattspinat verwenden, über Nacht im Kühlschrank auftauen lassen und das Wasser ausdrücken.

Maispizza mit Gemüse

Für 4 Personen
Zubereitung: 25 Minuten
Kochen: 45 Minuten
Überbacken: 20 Minuten

Für ein Backblech von 30 cm Durchmesser

800 ml Wasser
1 TL Salz
200 g grober Maisgrieß (Bramata)
Pfeffer aus der Mühle
frisch geriebene Muskatnuss
Butter zum Einfetten

BELAG
250 g Karotten
250 g Zucchini
1 Frühlingszwiebel, nur das Grün
2 EL kaltgepresstes Olivenöl
3 EL fein geschnittener Oregano
Salz, Pfeffer aus der Mühle
200 g gehackte Tomaten aus der Dose (Pelati)
250 g Mozzarella

Das Wasser aufkochen, das Salz beifügen und den Mais dazugeben. Unter Rühren aufkochen, dann die Temperatur reduzieren und bei milder Temperatur unter gelegentlichem Rühren etwa 45 Minuten köcheln lassen. Am Schluss bei Bedarf mit Salz, Pfeffer und Muskatnuss abschmecken.

Das Backblech mit Butter leicht einfetten. Die noch warme Maismasse gleichmäßig darauf ausstreichen.

Die Karotten schälen und in feine Scheiben schneiden. Die Zucchini in feine Scheiben schneiden. Das Zwiebelgrün in feine Ringe schneiden.

Das Olivenöl in einer beschichteten Bratpfanne erhitzen. Zuerst das Zwiebelgrün darin andünsten, dann die Karottenscheiben mitdünsten, wenig Wasser zugeben und die Karotten knackig garen. Die Zuc-

chinischeiben dazugeben und etwa 2 Minuten mitgaren. Den Oregano daruntermischen, mit Salz und Pfeffer würzen.

Die Tomaten auf dem Maisboden verstreichen, dann das Gemüse darauf verteilen. Den Mozzarella in feine Scheiben schneiden, diese nochmals halbieren und die Gemüsepizza damit belegen. Nochmals pfeffern und leicht salzen.

Im vorgeheizten Backofen bei 220 Grad etwa 20 Minuten backen.

Varianten
– Mozzarella durch Raclettekäse ersetzen.
– Statt Gemüse selbst gemachte Hackfleischsauce (siehe Rezept »Klassische Moussaka«, Seite 200) auf dem Maisboden verteilen, mit geriebenem Parmesan bestreuen und nur kurz überbacken.

Polenta-Tomaten-Gratin

Für 4 Personen
Zubereitung: 30 Minuten
Überbacken: 20 Minuten

500 ml laktosefreie Milch
500 ml Wasser
½ TL Salz
40 g Butter
300 g feiner Maisgrieß (Polenta)
100 g Parmesan, gerieben
Pfeffer aus der Mühle, frisch geriebene Muskatnuss
250 g Fleischtomaten
4–6 EL selbst gemachtes Basilikumpesto
  (ohne Knoblauch, siehe rechte Spalte)
Salz
150 g Mozzarella
Butter für die Form

Milch, Wasser, Salz und Butter leicht aufkochen und den Maisgrieß einrühren. Unter ständigem Rühren bei milder Hitze 10 Minuten köcheln lassen. Den Parmesan darunterrühren und mit Pfeffer und Muskatnuss würzen.

Eine große Gratinform mit Butter einfetten und die Hälfte der noch warmen Maismasse gleichmäßig auf dem Boden verstreichen. Den Stielansatz der Tomaten herausschneiden und die Tomaten in Scheiben schneiden. Die Hälfte davon auf der Maismasse verteilen und 2 bis 3 Esslöffel Basilikumpesto darauf verstreichen.

Die restliche Maismasse daraufgeben, mit den restlichen Tomatenscheiben belegen und mit dem restlichen Pesto bestreichen. Den Mozzarella halbieren, quer in feine Scheiben schneiden und darüber verteilen.

Im vorgeheizten Backofen bei 200 Grad etwa 20 Minuten überbacken.

Selbst gemachtes Basilikumpesto (ohne Knoblauch)

Ergibt ca. 250 ml
Zubereitung: 15 Minuten

50 g Pinienkerne
100 g Basilikum
150 ml kaltgepresstes Olivenöl (von bester
  Qualität)
50 g Parmesan, gerieben
½ TL Salz, Pfeffer aus der Mühle
1 EL Zitronensaft nach Belieben

Die Pinienkerne in einer beschichteten Bratpfanne ohne Fettzugabe rösten, bis sie fein duften. Das Basilikum waschen, mit Küchenpapier trocken tupfen und in feine Streifen schneiden.

Pinienkerne, Basilikum und Öl in ein hohes, schmales Gefäß geben und mit dem Pürierstab zu einer feinen Paste pürieren. Den Parmesan unter das Pesto mischen. Mit Salz und Pfeffer abschmecken und nach Belieben mit Zitronensaft verfeinern.

Tipp

Schneller geht es mit fertig gekauftem knoblauchfreiem (!) Basilikumpesto, erhältlich im Reformhaus oder in ausgewählten Lebensmittelfachgeschäften.

Haltbarkeit

In ein heiß ausgespültes, trockenes Schraubglas füllen. Die Oberfläche mit Olivenöl gut bedecken und das Glas fest verschließen.

Im Kühlschrank ist das Pesto etwa 1 Woche haltbar. Nach jeder Verwendung das Pesto erneut mit etwas Öl bedecken.

Mais-Triangel mit Karotten-Fenchel-Gemüse

Für 4 Personen
Zubereitung: 40 Minuten

300 ml Wasser
300 ml laktosefreie Milch
1 TL Salz, Pfeffer aus der Mühle
1 Msp. frisch geriebene Muskatnuss
200 g feiner Maisgrieß
75 g Sbrinz oder Parmesankäse, gerieben

KAROTTEN-FENCHEL-GEMÜSE
200 g Karotten
200 g gelbe Pfälzer Karotten
200 g Fenchel
2 EL Olivenöl
Salz
½ TL mildes Currypulver
ca. 100 ml Wasser
2 EL gehackte glattblättrige Petersilie
Pfeffer aus der Mühle

Bratbutter zum Ausbacken

Für die Mais-Triangel Wasser und Milch aufkochen, mit Salz, Pfeffer und Muskatnuss würzen. Den Maisgrieß und den Käse einrühren und bei milder Temperatur etwa 10 Minuten köcheln lassen, immer wieder umrühren. Die Maismasse auf einem umgedrehten großen Backblech gleichmäßig 1 bis 1½ cm dick zu einem Rechteck ausstreichen und erkalten lassen.

Inzwischen Karotten und Pfälzer Karotten schälen und in feine Scheiben schneiden. Den Fenchel in dicke Streifen schneiden. Das Olivenöl erhitzen, das Gemüse dazugeben und mit Salz und Currypulver würzen. Das Wasser zugießen und bei mittlerer Temperatur etwa 10 bis 15 Minuten knackig dünsten. Am Schluss die Petersilie beifügen und nach Bedarf mit wenig Pfeffer abschmecken.

Die Maismasse in 10 × 10 cm große Quadrate schneiden und diese diagonal zu Dreiecken halbieren. Wenig Bratbutter in einer großen beschichteten Bratpfanne erhitzen und die Mais-Triangel auf beiden Seiten bei mittlerer Temperatur goldgelb braten. Zum Karotten-Fenchel-Gemüse servieren.

Beilage
Dazu passt Saisonblattsalat mit Mozzarellawürfeln.

Hinweis
Neben den orangen und gelben Karotten gibt es auch die violette Karottensorte Purple Haze. Diese Sorte ist zweifarbig, außen dunkelviolett und innen orangefarben. Sie ist fruchtig aromatisch und bringt optisch viel Abwechslung, auch als Rohkost. Purple-Haze-Karotten sind im Biogemüsehandel, auf Gemüsemärkten und inzwischen auch im Supermarkt erhältlich.

Maisspaghetti mit Rucolapesto

Für 4 Personen
Zubereitung: 25 Minuten

300 g Maisspaghetti

RUCOLAPESTO (ohne Knoblauch)
3 EL Pinienkerne (ca. 40 g)
100 g Rucola, grob geschnitten
125 ml kaltgepresstes Olivenöl (von bester Qualität)
3 EL geriebener Parmesan
½ unbehandelte Zitrone, abgeriebene Schale
½ TL Salz

Die Spaghetti in siedendem Salzwasser al dente kochen.

Inzwischen die Pinienkerne in einer Bratpfanne ohne Fettzugabe kurz rösten, bis sie fein duften. Zusammen mit dem Rucola und dem Olivenöl in ein hohes, schmales Gefäß geben und mit dem Pürierstab zu einer feinen Paste pürieren. Zum Schluss Parmesan, Zitronenschale und Salz dazugeben und alles verrühren.

Die Spaghetti in ein Sieb abgießen und dabei wenig Kochwasser zurückbehalten. Die abgetropften Spaghetti mit dem Rucolapesto vermischen; bei Bedarf ganz wenig Kochwasser dazugeben. Heiß servieren.

Variante
Rucolapesto durch Basilikumpesto ersetzen (siehe Seite 137).

Variante (FODMAP-reduziert)
Maisteigwaren durch Dinkelteigwaren ersetzen.

Tomaten-Mozzarella-Salat

Für 4 Personen als kleine Beilage
Zubereitung: 5–10 Minuten

250 g Fleischtomaten
150 g Mozzarella
Salz, Pfeffer aus der Mühle
2 EL kaltgepresstes Olivenöl
1 EL Balsamicoessig
einige Basilikumblätter

Den Stielansatz der Tomaten herausschneiden. Die Tomaten in feine Scheiben schneiden. Den Mozzarella halbieren, quer in feine Scheiben schneiden, dann würfeln.

Die Tomatenscheiben auf einer Platte anrichten, mit Salz und Pfeffer kräftig würzen. Die Mozzarellawürfel darüber verteilen. Mit Olivenöl und Balsamicoessig beträufeln. Die Basilikumblätter in feine Streifen schneiden und darüber verteilen.

Variante
Für einen griechischen Salat nimmt man Tomatenschnitze, zusätzlich kleine Gurkenwürfelchen, einige schwarze Oliven und ersetzt den Mozzarella durch Feta.

Paprikaschiffchen mit Safranrisotto

Für 4 Personen
Zubereitung: 15 Minuten
Kochen und Schmoren: 40–45 Minuten

1 große Knoblauchzehe (siehe Hinweis auf Seite 46f.)
2 EL Olivenöl
200 g Risottoreis (z. B. Arborio, Carnaroli, Vialone)
100 ml trockener Weißwein
1 Briefchen Safranpulver (0,4 g)
½ TL Salz
ca. 500 ml heißes Wasser
1 TL Butter
50 g Parmesan oder Sbrinz, gerieben
Pfeffer aus der Mühle

3 grüne Peperoni (Paprika)
1 rote Peperoni (Paprika)
Olivenöl zum Einfetten

Die Knoblauchzehe schälen, halbieren. In einem Topf das Olivenöl erhitzen und den Knoblauch darin andünsten, dann herausnehmen und wegwerfen. Den Reis im gleichen Öl anrösten, mit Weißwein aufgießen und diesen unter Rühren verdunsten lassen. Den Safran und das Salz beifügen, kurz rühren und das heiße Wasser nach und nach dazugießen. Bei mittlerer Temperatur unter gelegentlichem Rühren etwa 20 Minuten knapp weich kochen. Am Schluss die Butter und den Parmesan darunterrühren. Mit Pfeffer und bei Bedarf Salz abschmecken. Zugedeckt einige Minuten nachgaren lassen.

Die Peperoni halbieren, Stielansatz und Kerne entfernen. Die Fruchthälften nochmals halbieren.

Die Peperoniviertel mit dem Safranrisotto füllen, leicht andrücken und in eine große eingeölte Gratinform legen. Wenig Wasser in die Form füllen und im vorgeheizten Backofen bei 180 Grad etwa 25 Minuten schmoren lassen. Nach der Hälfte der Schmorzeit mit Alufolie zudecken, damit die Reisfüllung nicht austrocknet.

Varianten
– Die Peperoni halbieren, entkernen und ohne Füllung vorher im Ofen backen. Mit Risotto füllen und servieren.
– Statt Risotto eine Hackfleischfüllung verwenden (siehe Seite 115)

Beilage
Dazu passt Saltimbocca (siehe Seite 131).

Älpler-Makkaroni

Für 4 Personen
Zubereitung: 20 Minuten
Backen: 25–30 Minuten

200 g Dinkel-Makkaroni (Penne)
2½ l Salzwasser
500 g in der Schale gekochte festkochende
 Kartoffeln
50 g Rohschinkenwürfel

GUSS
80 g Greyerzer Käse, gerieben
300 ml laktosefreie Milch
200 ml laktosefreier Rahm
Salz, Pfeffer aus der Mühle
frisch geriebene Muskatnuss

Die Makkaroni im kochenden Salzwasser al dente kochen, herausnehmen und abtropfen lassen. Die Kartoffeln schälen und in 5 mm dicke Scheiben schneiden.

Sämtliche Zutaten für den Guss gut verrühren, mit Salz, Pfeffer und Muskatnuss abschmecken.

Makkaroni, Kartoffelscheiben und Rohschinkenwürfel sorgfältig mit dem Guss vermengen und in eine große Gratinform füllen.

Im vorgeheizten Backofen bei 200 Grad etwa 25 bis 30 Minuten backen. Gegen Ende der Backzeit mit Alufolie abdecken.

Tipps
– Dazu passt ein gemischter Saisonblattsalat.
– Zusätzlich nach Belieben frische Ananaswürfel oder ein Rhabarberkompott (siehe Seite 212) dazu servieren.
– Rohschinken durch magere Speckwürfel ersetzen und diese in einer Bratpfanne ohne Fettzugabe kurz braten.

Variante (FODMAP-arm)
Dinkelteigwaren durch Maisteigwaren ersetzen. Darauf achten, dass diese aus reinem Maismehl hergestellt sind.

Crêpes mit Karotten und Brokkoli an Gorgonzolasauce

Für ca. 8 Crêpes (je nach Pfannengröße)
Zubereitung: 35 Minuten
Teigruhe: 30 Minuten

TEIG
2 Eier
200 ml laktosefreie Milch
200 ml Wasser
200 g Dinkelmehl
1½ TL Salz
wenig Olivenöl zum Ausbacken

FÜLLUNG
250 g Karotten
250 g Brokkoli
Salz, Pfeffer aus der Mühle
200 g Gorgonzola
ca. 75 ml laktosefreier Rahm
100 g Süßmais (aus der Dose)
½ Bund Petersilie

Die Zutaten für den Teig mit dem Schneebesen kräftig verrühren und zugedeckt im Kühlschrank etwa 30 Minuten ruhen und quellen lassen.

Die Karotten schälen und in sehr kleine Würfel oder feine Scheibchen schneiden. Den Brokkoli in sehr kleine Röschen zerteilen. Das Gemüse in einem Siebeinsatz über Wasserdampf bissfest garen. Leicht salzen und pfeffern.

In einem Topf den Gorgonzola schmelzen lassen und den Rahm unterrühren. Das gegarte Gemüse und den Mais darunterziehen. Mit Salz und Pfeffer abschmecken. Die Petersilie fein schneiden und daruntermischen.

In einer beschichteten Bratpfanne wenig Öl nicht zu stark erhitzen. Aus dem Teig bei mittlerer Temperatur etwa 8 Crêpes langsam ausbacken. Mit dem Gemüse belegen, zusammenklappen und heiß servieren.

Varianten
– mit Hackfleischfüllung: siehe Seite 115
– mit Ratatouillegemüse: siehe Seite 122
– mit Mischgemüse: 300 g Karotten, 150 g Kürbis (Sorte Hokkaido) und 150 g Knollensellerie, alles klein gewürfelt, gedünstet, mit Salz und Pfeffer gewürzt und nur mit wenig Rahm und gehackter Petersilie verfeinert

Variante Maiscrêpes (FODMAP-arm)
Den Crêpeteig mit Maismehl zubereiten: 3 Eier, 300 ml laktosefreie Milch, 100 g Maismehl und 1 TL Salz kräftig zu einem Teig verrühren. Etwa 30 Minuten zugedeckt kühl stehen. Den Teig immer wieder gut aufrühren und in einer gut geölten Bratpfanne dünne Maiscrêpes ausbacken.

Lachs mit Kartoffeln und Tomaten

Für 4 Personen
Zubereitung: 35–40 Minuten

    1 unbehandelte Zitrone
    800 g kleine Kartoffeln
    3 EL Olivenöl
    Salz
    ca. 500 g Lachsfilets (4 Stück je ca. 125 g)
    Pfeffer aus der Mühle
    250 g Tomaten
    einige Zweige Thymian

Die Zitrone quer in feine Scheiben schneiden. Die Kartoffeln gut waschen und ungeschält halbieren.

Das Olivenöl in einem Bräter erhitzen. Die Kartoffeln etwa 5 Minuten darin anbraten, immer wieder wenden und leicht salzen. Herausnehmen und zur Seite legen.

Die Lachsfilets in den Bräter geben und auf jeder Seite etwa 1 Minute kurz braten. Mit Salz und Pfeffer würzen. Die Zitronenscheiben dazugeben. Die Tomaten quer halbieren, leicht salzen und zusammen mit den Kartoffeln um den Fisch herum verteilen. Die Thymianblättchen abstreifen und über die Kartoffeln und Tomaten verteilen. Mit Alufolie zudecken.

Im vorgeheizten Backofen bei 180 Grad etwa 20 Minuten garen.

Beilage
Dazu passt Blattsalat an Nuss-Vinaigrette oder Gurkensalat (siehe Seite 149).

Blattsalat an Nuss-Vinaigrette

Für 4 Personen (Beilage)
Zubereitung: 10 Minuten

    200 g Blattsalat nach Saison (Kopfsalat, Eichblatt, Endivie, Lollo)
    30 g Baumnusskerne (Walnusskerne)

    SAUCE
    2 EL Baumnussöl
    2 EL milder Kräuteressig
    1 TL Senf
    4 EL Wasser
    1 Bund Schnittlauch
    Kräutersalz, Pfeffer aus der Mühle

Den Blattsalat waschen und trocken schleudern.

Für die Sauce Baumnussöl, Essig, Senf und Wasser gut verrühren. Den Schnittlauch fein dazuschneiden. Mit Kräutersalz und Pfeffer würzen.

Den Blattsalat mit der Sauce sorgfältig vermischen. Die Baumnüsse grob hacken und darüber verteilen.

Schnelle Lachsfilets
mit Zitronenreisköpfchen

Für 4 Personen
Zubereitung: 15 Minuten
Garen im Ofen: 15 Minuten

4 Lachsfilets (je ca. 125 g), ohne Haut
1 EL Zitronensaft
Pfeffer aus der Mühle, Salz
250 ml laktosefreier Rahm
1 TL Maisstärke
1 EL rosa Pfefferkörner (siehe Produkthinweis)

ZITRONENREIS
200 g Basmatireis oder Parfümreis
300 ml Wasser
1 unbehandelte Zitrone

Die Lachsfilets in eine große Gratinform legen und mit dem Zitronensaft beträufeln. Mit Pfeffer und sehr wenig Salz auf beiden Seiten leicht würzen.

Rahm, Maisstärke und ½ Teelöffel Salz gut verrühren und über die Fischfilets gießen; sie sollten aber nicht vollständig mit Guss bedeckt sein. Die rosa Pfefferkörner darüber verteilen.

Die Form mit Alufolie zudecken und im vorgeheizten Backofen bei 180 Grad etwa 15 Minuten garen.

Inzwischen den Reis in einem Sieb unter fließendem kaltem Wasser spülen, bis das Wasser klar abläuft. Abtropfen lassen. Von der Zitrone einen Streifen Schale (ca. 1 × 10 cm) abschälen. Reis, Wasser und Zitronenschale in einem Topf aufkochen, dann den Reis zugedeckt auf der ausgeschalteten Herdplatte etwa 15 Minuten quellen lassen, ohne den Deckel abzuheben. Vor dem Servieren den Reis mit einer Gabel lockern und die Zitronenschale entfernen.

Den Reis in kleine Förmchen füllen, leicht festdrücken und auf vorgewärmte Teller stürzen oder mit einem Eisportionierer Reisköpfchen formen. Dazu jeweils ein Lachsfilet anrichten und mit Sauce übergießen.

Tipp
Statt eines Stücks Zitronenschale kann man auch abgeriebene Zitronenschale oder einen gequetschten Zitronengrasstängel mitkochen.

Produkthinweis
Rosa Pfeffer ist mild-fruchtig im Geschmack von einer dezenten Schärfe. Die Pfefferkörner sind weich und lassen sich gut zerbeißen. Deshalb lässt er sich ganz verwenden und dient als attraktive Dekoration auf Fisch- und Fleischgerichten.

Beilage
Dazu passt ein gemischter Blattsalat oder ein Gurkensalat.

Gurkensalat

Für 4 Personen (Beilage)
Zubereitung: 10 Minuten

1 Salatgurke
8 Radieschen
180 g Sauerrahm
2 EL Olivenöl
1 EL milder Obstessig
Salz, Pfeffer aus der Mühle
½ Bund Dill

Die Gurke schälen und in kleine Würfel schneiden. Die Radieschen in feine Scheiben schneiden.

Für die Sauce Sauerrahm, Olivenöl und Obstessig verrühren. Mit Salz und Pfeffer würzen. Den Dill fein dazu schneiden.

Die Gurkenwürfel und Radieschenscheiben mit der Sauce sorgfältig vermengen.

Rindfleisch chinesische Art

Für 4 Personen
Zubereitung: 25–30 Minuten

450 g geschnetzeltes Rindfleisch (zartes Hüftstück)
4 EL Sojasauce
1 EL frisch geriebener Ingwer
1 kleine gelbe oder rote Peperoni (Paprika)
200 g Brokkoliröschen
250 g Pak Choi
3 EL Erdnuss- oder Sesamöl
Salz, Pfeffer aus der Mühle
etwas Wasser nach Bedarf
50 g Sojasprossen
½ Bund frischer Koriander (oder 1 Bund Schnittlauch)
2 EL Sesamsamen

Das Rindfleisch mit Sojasauce und Ingwer vermengen und zugedeckt stehen lassen.

Die Peperoni von Stielansatz und Kernen befreien, vierteln und quer in Streifen schneiden. Den Brokkoli in kleine Röschen teilen. Die Pak-Choi-Blätter in Streifen schneiden.

2 Esslöffel Öl in einer beschichteten Bratpfanne erhitzen. Zuerst das marinierte Fleisch kurz darin anbraten, mit Salz und Pfeffer würzen, herausnehmen. Das restliche Öl hineingeben und das Gemüse darin andünsten. Nach Bedarf ganz wenig Wasser beifügen und mit Salz und Pfeffer würzen.

Bei mittlerer Temperatur unter Rühren braten, bis das Gemüse knackig gar ist. Gegen Ende der Garzeit die Sojasprossen untermischen und noch 1 Minute weitergaren.

Das Fleisch dazugeben und nochmals heiß werden lassen. Den Koriander grob schneiden (oder Schnittlauch fein schneiden) und mit dem Sesam bestreuen. Sofort heiß servieren.

Beilage
Dazu passt Vollreis oder Basmatireis.

Kalbsgeschnetzeltes mit Rösti

Für 4 Personen
Zubereitung Fleisch: 15 Minuten
Zubereitung Rösti: 30 Minuten

RÖSTI
1 kg in der Schale gekochte festkochende
  Kartoffeln vom Vortag
1 TL Salz
1 EL Bratbutter

500 g geschnetzeltes Kalbfleisch
wenig Bratbutter zum Anbraten
1 EL Maisstärke
Salz, Pfeffer aus der Mühle

1 Frühlingszwiebel, nur das Grün
100 ml trockener Weißwein
200 ml laktosefreier Rahm
2 EL gehackte Petersilie
Salz, Pfeffer aus der Mühle

Für die Rösti die Kartoffeln schälen, grob reiben und salzen. Die Hälfte der Bratbutter in einer beschichteten Bratpfanne leicht erhitzen, die Kartoffeln hineingeben, zu einem runden Kuchen zusammenschieben und etwa 15 Minuten bei milder Temperatur goldbraun backen.

Zum Wenden einen flachen Teller auf die Rösti legen und diese auf den Teller stürzen. Nochmals wenig Bratbutter in die Pfanne geben und die Rösti vom Teller wieder vorsichtig zurück in die Pfanne gleiten lassen. Weitere 15 Minuten goldbraun fertig backen. Die Bratzeit ist abhängig von der Pfannengröße bzw. von der Dicke der Rösti.

Das Fleisch in zwei Portionen nacheinander in heißer Bratbutter kurz anbraten, mit der Maisstärke bestäuben und mit Salz und Pfeffer kräftig würzen. Herausnehmen und im vorgeheizten Backofen bei etwa 60 Grad warm stellen.

Das Zwiebelgrün sehr fein schneiden und in der gleichen Pfanne in wenig Bratbutter andünsten. Den Weißwein dazugießen und leicht einkochen lassen. Den Rahm zugießen, aufkochen und 2 Minuten köcheln lassen. Das Fleisch und die gehackte Petersilie dazugeben und nach Bedarf mit Salz und Pfeffer abschmecken.

Das Fleisch mit der Rösti sofort heiß servieren.

Beilage
Dazu passt glasiertes Karottengemüse (siehe Seite 154) oder gedämpftes Wurzelgemüse (siehe Seite 179).

Glasiertes Karottengemüse

Für 4 Personen (Beilage)
Zubereitung: 15 Minuten
Kochen: 15 Minuten

> 350 g Karotten
> 350 g gelbe Pfälzer Karotten
> 1 EL Butter
> 2 EL Zucker
> ca. 100 ml Wasser
> Salz, Pfeffer aus der Mühle
> 1 TL frischer Zitronensaft
> 3 EL fein gehackte Petersilie

Die Karotten schälen und in feine Scheiben schneiden.

In einer Pfanne die Butter erwärmen, den Zucker beifügen und unter Rühren schmelzen lassen. Die Karottenscheiben beifügen, kurz in der Pfanne schwenken, mit dem Wasser aufgießen. Mit Salz und Pfeffer würzen. Bei mittlerer Temperatur bissfest garen. Am Schluss Zitronensaft und gehackte Petersilie daruntermischen.

Varianten
– Schneller geht es mit einer Rösti aus gekochten Kartoffeln (siehe Seite 153).
– Statt Rösti passt auch Kartoffelpüree (siehe Seite 120) oder Kartoffelgratin (siehe Seite 129).

NICHT ALLTÄGLICH

RAFFINIERTES ZUM GENIESSEN

Kaltes Gurken-Avocado-Süppchen

Für 4 Personen
Zubereitung: 10–15 Minuten
Kühl stellen: 1 Stunde

1 Gurke (ca. 500 g)
1 Avocado, halbiert und entsteint
200 ml kaltes Wasser
250 ml Kokosmilch
1/2 unbehandelte Zitrone, abgeriebene Schale
   und Saft
Salz, weißer Pfeffer aus der Mühle
1/2 Bund Dill
2 EL Kürbiskerne zum Garnieren

Die Gurke schälen, der Länge nach halbieren und in mittelgroße Stücke schneiden. Die Avocado halbieren, den Kern entfernen und das Fruchtfleisch in Stücke schneiden.

Gurken- und Avocadostücke in ein hohes Gefäß geben, mit Wasser und Kokosmilch auffüllen und mit dem Pürierstab sehr fein pürieren. Zitronenschale und -saft darunterrühren. Mit Salz und Pfeffer abschmecken. Für 1 Stunde kühl stellen.

Vor dem Servieren das Süppchen nochmals aufrühren. Den Dill fein zupfen und darunterrühren. Das Süppchen in Gläser füllen, die Kürbiskerne fein hacken und darüberstreuen.

Tipp

Ein erfrischendes Süppchen an heißen Sommertagen.

Kartoffelsüppchen mit Erdnussbutter

Für 4 Personen
Zubereitung: 25 Minuten

400 g mehligkochende Kartoffeln
   (z. B. Agria, Bintje)
1 EL Olivenöl
1 TL frisch geriebener Ingwer oder Ingwerpulver
1 TL Salz
1 l Wasser
4 EL Erdnussbutter
1 unbehandelte Zitrone, abgeriebene Schale
   und 4 EL Saft
1/2 Bund glattblättrige Petersilie

Die Kartoffeln schälen und in mittelgroße Würfel schneiden. In einem Topf das Olivenöl erhitzen, die Kartoffelwürfel darin andünsten, den Ingwer und das Salz zugeben und mit Wasser aufgießen. Etwa 15 Minuten bei mittlerer Temperatur köcheln lassen. Erdnussbutter, Zitronenschale und -saft dazugeben und mit dem Pürierstab fein pürieren. Nach Bedarf mit Salz abschmecken.

Vor dem Servieren die Petersilie fein schneiden und darunterrühren.

Reiscrêpe-Schnecken mit Räucherlachs

Für 4 Personen als Vorspeise
Zubereitung: 30 Minuten
Teigruhe: 25 Minuten

CRÊPES
150 g Reismehl
100 ml Wasser
150 ml Kokosmilch
¼ TL Salz
¼ TL Kurkuma (siehe Hinweis)
wenig Bratbutter zum Ausbacken

LACHSCREME
150 g geräucherter Wildlachs
½ Bund Dill
300 g Sauerrahm
Salz, Pfeffer aus der Mühle

Reismehl, Wasser, Kokosmilch, Salz und Kurkuma mit den Rührhaken des Handrührgeräts gut verrühren und zugedeckt etwa 25 Minuten ruhen lassen.

Inzwischen den Räucherlachs klein schneiden, den Dill fein zupfen. Mit dem Sauerrahm vermischen und mit Salz und Pfeffer abschmecken. Zugedeckt kühl stellen.

In einer beschichteten Bratpfanne wenig Bratbutter nicht zu stark erhitzen. Jeweils etwas Teig hineingießen und bei mittlerer Temperatur zu dünnen Crêpes ausbacken. Sobald sich die Crêpes vom Boden lösen, sorgfältig wenden und auf der anderen Seite fertig backen.

Die Crêpes mit der Lachscreme bestreichen, einrollen und in 4 cm breite Stücke schneiden. Die Schnecken auf einem Teller anrichten.

Beilage
Dazu passt ein bunt gemischter Blattsalat (z. B. Eichblatt, Lollo, Cicorino rosso) mit 200 g Fenchelstreifen und einer Handvoll gehackter Baumnüsse (Walnusskerne).

Hinweis
Kurkuma ist gemahlener Gelbwurz. Dieses Gewürz besitzt eine intensive gelbe Farbe und ist in vielen Currymischungen enthalten.

Hirsecouscous mit Kürbis und Koriander

Für 4 Personen
Zubereitung: 15 Minuten
Kochen und Quellen: 30 Minuten

450 g Kürbis (Sorte Hokkaido)
600 ml Wasser
1 TL mildes Currypulver
1 Lorbeerblatt
300 g Hirse
1$\frac{1}{2}$ TL Salz, Pfeffer aus der Mühle
60 g Pinienkerne
10 Zweige frischer Koriander

Den Kürbis schälen und in kleine Würfel schneiden.

In einem Topf Wasser, Currypulver und Lorbeerblatt aufkochen. Die Hirse und die Kürbiswürfel dazugeben und bei mittlerer Temperatur 10 bis 15 Minuten köcheln lassen. Anschließend auf der abgeschalteten Herdplatte weitere 15 bis 20 Minuten quellen lassen. Das Lorbeerblatt entfernen. Mit Salz und Pfeffer gut würzen.

Die Pinienkerne in einer Pfanne ohne Fettzugabe kurz rösten, bis sie fein duften. Den Koriander fein schneiden und zusammen mit den Pinienkernen sorgfältig unter das Hirsecouscous mischen.

Variante
Statt Kürbis kleine Karottenwürfel und fein gehackte Petersilie verwenden.

Vegetarische Variante
Zu diesem arabisch angehauchten Rezept passt auch eine einfache Sauce aus Naturjoghurt und wenig grob geriebener Gurke.

Beilage
Dazu passen Pouletspieße: 4 kleine Pouletbrüstchen in Würfel schneiden, auf Holzspieße stecken. Olivenöl, Salz, Pfeffer und Currypulver verrühren und die Pouletspieße damit bestreichen. In einer Brat- oder Grillpfanne bei mittlerer Temperatur auf beiden Seiten gut durchbraten.

Tipp für die Lunchbox
Den Hirsecouscous am Abend für den nächsten Tag vorbereiten. Pouletspießchen oder eine Portion Joghurt-Gurken-Sauce frisch am Morgen zubereiten und für das Lunch mitnehmen.

Gemüsecurry mit Duftreis

Für 4 Personen
Zubereitung: 15 Minuten
Rührbraten: 15 Minuten
Reis kochen: 15 Minuten

200 g Pak Choi
300 g Karotten
200 g Brokkoli
300 g Duftreis (Parfüm- oder Jasminreis)
500 ml Wasser
70 g tiefgekühlte grüne Erbsen
1 EL Olivenöl
1 EL mildes aromatisches Currypulver
2 EL Sojasauce
1 EL Rohzucker
1 Limette, abgeriebene Schale und 2 EL Saft
400 ml Kokosmilch
50 g Erdnüsse
Salz nach Bedarf

Den Pak Choi in Streifen, die Karotten in feine Stifte schneiden, den Brokkoli in kleine Röschen zerteilen.

Den Reis unter fließendem kaltem Wasser gut spülen, bis das Wasser klar abläuft. Abtropfen lassen. Den Reis mit dem Wasser in einen Topf geben, aufkochen und zugedeckt auf der ausgeschalteten Herdplatte etwa 15 Minuten quellen lassen. Den Topf dabei geschlossen halten und den Deckel nicht abheben.

Inzwischen im Wok- oder in einer hohen Bratpfanne das Olivenöl erhitzen. Das klein geschnittene Gemüse und die Erbsen andünsten. Mit Currypulver, Sojasauce, Rohzucker, Limettenschale und -saft würzen und einige Minuten unter Rühren braten. Die Kokosmilch dazugießen und das Gemüse zugedeckt bei mittlerer Temperatur 10 bis 15 Minuten knackig garen.

Die Erdnüsse grob hacken und am Schluss unter das Gemüsecurry mischen. Nach Bedarf mit Salz abschmecken. Den Reis mit einer Gabel auflockern und zum Gemüsecurry servieren.

Beilage
Dazu passen gebratene Tofuwürfel oder Crevetten-Zitronen-Spieße (siehe Seite 162).

Gebratene Tofuwürfel

Für 4 Personen
Zubereitung: 5 Minuten
Marinieren: 15 Minuten

500 g Tofu natur
3 EL Sojasauce
½ TL mildes Currypulver

Den Tofu in Würfel schneiden, mit Sojasauce und Currypulver würzen und 15 Minuten marinieren.

Bei mittlerer Temperatur unter sorgfältigem Wenden von allen Seiten in wenig Öl anbraten. Sofort heiß zu Gemüsecurry und Duftreis servieren.

Tipp

Schneller geht es mit fertigem Curry-Tofu. Beim Kauf von gewürzten Tofuprodukten die Zutatenliste prüfen, denn es können Zwiebeln oder Knoblauch enthalten sein.

Crevetten-Zitronen-Spieße

Für 4 Personen
Zubereitung: 5–10 Minuten
Zubehör: 4 lange Holz- oder Bambusspieße

MARINADE
3 EL Olivenöl
½ unbehandelte Zitrone, abgeriebene Schale
   und 1 EL Saft
Salz, Pfeffer aus der Mühle

12 sauber geputzte Riesencrevetten

Für die Marinade Olivenöl, Zitronenschale und -saft verrühren, mit Salz und Pfeffer würzen. Die Crevetten mit der Marinade bestreichen und je 3 Crevetten auf einen Spieß stecken.

Die Crevetten in einer beschichteten Brat- oder Grillpfanne auf jeder Seite 1 Minute scharf anbraten. Sofort heiß zum Gemüsecurry und Duftreis servieren.

Riesencrevetten
in Ananas-Curry-Sauce

Für 4 Personen
Zubereitung: 15–20 Minuten

500 g rohe, geputzte Riesencrevetten
(siehe Hinweis auf Seite 48)
2 Knoblauchzehen
2 EL Olivenöl
Salz, Pfeffer aus der Mühle
150 ml trockener Sherry oder Noilly Prat
1 EL mildes Currypulver
250 ml laktosefreier Rahm
1–2 TL Maisstärke
ca. 100 ml ungezuckerten Ananassaft
(aus der Dose)
140 g ungezuckerte Ananasscheiben
(aus der Dose)
frisch geriebene Muskatnuss

Die Riesencrevetten kurz unter fließendem kaltem Wasser abspülen und mit Küchenpapier gut trocken tupfen. Die Knoblauchzehen schälen, halbieren und in einer beschichteten Bratpfanne im heißen Öl andünsten. Herausnehmen und wegwerfen. Nun die Crevetten darin anbraten, mit Salz und Pfeffer würzen. Nicht ganz durchbraten, herausnehmen und zugedeckt zur Seite stellen.

Für die Sauce den Sherry (oder Noilly Prat) in die Bratpfanne gießen und den Bratensatz damit auflösen, das Currypulver dazugeben, gut verrühren und kurz köcheln lassen. Rahm und Maisstärke verrühren und zusammen mit dem Ananassaft dazugießen. Leicht salzen und pfeffern. Einige Minuten bei mittlerer Temperatur köcheln lassen. Die Sauce sollte leicht gebunden und sämig sein.

Die Ananasscheiben klein würfeln und mit den Riesencrevetten in die Sauce geben. Nur noch 1 bis 2 Minuten köcheln lassen und nach Bedarf mit Salz, Pfeffer und Muskatnuss abschmecken.

Tipps

– Statt rohe kann man tiefgekühlte gekochte große Crevetten verwenden. Diese auftauen lassen und nur kurz in mit Knoblauch aromatisiertem Olivenöl (siehe Seite 47) anbraten. Herausnehmen und erst am Schluss in die Sauce geben.
– Mit frischer Ananas wird es besonders köstlich. Dafür eine kleine Baby-Ananas schälen, das Fruchtfleisch klein würfeln und den Saft auffangen.

Variante

Riesencrevetten durch Pouletwürfel oder Schweinegeschnetzeltes ersetzen.

Beilage

Dazu passt Vollkornreis und gedämpftes (gemischtes) Wurzelgemüse, zum Beispiel Karotten, Pfälzer Karotten und/oder Pastinaken.

Fisch auf Spinatbett an Curry-Kokos-Sauce

Für 4 Personen
Zubereitung: 25 Minuten
Garen im Ofen: 15–20 Minuten

500 g frischer Blattspinat
Salz, schwarzer Pfeffer aus der Mühle
Olivenöl für die Form
500 g Fischfilets (z. B. Zander, Goldbutt, Dorsch)
½ Zitrone, Saft

CURRY-KOKOS-SAUCE
1 Frühlingszwiebel, nur das Grün
1 EL Olivenöl
1 EL mildes Currypulver
250 ml Kokosmilch

Die Spinatblätter waschen, abtropfen lassen, grobe Stiele wegschneiden. Den Spinat in einen großen Topf geben und dünsten, bis die Blätter zusammengefallen sind; eventuell noch vorhandenes Wasser abgießen. Den Spinat salzen und pfeffern und in eine mit Olivenöl gefettete große Gratinform verteilen.

Die Fischfilets je nach Größe in kleinere Stücke schneiden, mit Zitronensaft beträufeln und mit Salz und Pfeffer würzen. Auf das Spinatbett legen.

Das Zwiebelgrün klein schneiden und im heißen Olivenöl andünsten. Currypulver beifügen und kurz mitdünsten. Mit der Kokosmilch aufgießen und mit Salz sowie Pfeffer abschmecken. Die Sauce über Fisch und Spinat verteilen.

In der unteren Hälfte des vorgeheizten Backofens bei 180 Grad 15 bis 20 Minuten garen. Die Garzeit ist von der Dicke der Fischfilets abhängig. Gegen Ende mit Alufolie abdecken.

Beilage
Dazu roten Vollreis (z. B. Camargue-Reis) oder schwarzen Vollreis (z. B. Venere-Reis) servieren.

Produkthinweis
Reisspezialitäten wie roter oder schwarzer Vollreis sind im Reformfachhandel oder in guten Lebensmittelfachgeschäften erhältlich. Der schwarze Venere-Reis wird in Norditalien angebaut, roter Vollreis unter anderem in der Camargue. Vollreis ist nährstoffreicher, enthält viele Ballaststoffe und überzeugt durch seinen feinen Geschmack.

Tipp: Kochen von Vollreis

Für 4 Personen (Beilage)

1 EL Olivenöl
250 g Vollreis (z. B. roter Camargue- oder schwarzer Venere-Reis)
600 ml Wasser
wenig Salz

Das Olivenöl in einem Topf erhitzen, den Reis beifügen und kurz mitdünsten. Das Wasser zugießen und aufkochen. Die Temperatur zurückschalten und etwa 15 Minuten bei mittlerer Hitze köcheln lassen. Anschließend den Reis zugedeckt bei niedrigster Temperatur 40 Minuten quellen lassen. Gelegentlich umrühren und wenn nötig etwas Wasser nachgießen. Erst wenn der Reis gar ist, wenig salzen.

Fischpiccata mit Petersilienkartoffeln

Für 4 Personen
Zubereitung: 40 Minuten

600 g Süsswasser-Fischfilets (z. B. Egli, Felchen, Zander)
wenig frisch gepresster Zitronensaft zum Beträufeln
4 kleine Eier
6 EL laktosefreie Milch
80 g Parmesan, gerieben
Salz, schwarzer Pfeffer aus der Mühle
60 g Dinkelmehl
200 g Cherrytomaten
3 EL Kapern
½ Bund glattblättrige Petersilie
wenig Olivenöl zum Braten
einige Zitronenschnitze nach Belieben

Die Fischfilets kurz unter kaltem Wasser abspülen und mit einem Küchenpapier trocken tupfen. Mit wenig Zitronensaft beträufeln.

In einem Suppenteller Eier und Milch mit einer Gabel kräftig verklopfen. Den Parmesan darunterrühren und mit Salz und Pfeffer würzen. In einen zweiten Suppenteller das Mehl geben.

Die Cherrytomaten vierteln und zur Seite legen. Die Kapern in einem kleinen Sieb gut spülen und abtropfen lassen. Die Petersilie fein schneiden.

In einer beschichteten Bratpfanne wenig Olivenöl erhitzen. Die Fischfilets zuerst im Mehl, dann in der Eier-Käse-Mischung wenden und sofort portionsweise im heissen Olivenöl auf beiden Seiten goldgelb braten. Auf eine Platte legen und bis zum Servieren im vorgeheizten Backofen bei 80 Grad warm halten.

Die Bratpfanne mit einem Küchenpapier ausreiben. Tomaten, gehackte Kapern und Petersilie in wenig Olivenöl bei mittlerer Temperatur kurz andünsten, dabei die Pfanne einige Male hin und her bewegen. Sofort auf die Fischpiccata verteilen und heiss servieren. Nach Belieben Zitronenschnitze dazu reichen.

Petersilienkartoffeln

Für 4 Personen (Beilage)
Zubereitung: 5 Minuten
Kochen: 15 Minuten

800 g kleine festkochende Kartoffeln
Salz
1 TL Butter
½ Bund glattblättrige Petersilie

Die Kartoffeln schälen und halbieren. Einen grossen Topf mit leicht gesalzenem Wasser zum Kochen bringen. Die Kartoffeln bei mittlerer Temperatur etwa 15 Minuten weich köcheln lassen. In ein Sieb abgiessen.

Die Butter im noch heissen Topf schmelzen lassen und die Kartoffeln darin schwenken. Die Petersilie sehr fein hacken und darüberstreuen.

Beilage

Dazu einen bunt gemischten Blattsalat mit 200 g Fenchelstreifen oder einen Radicchiosalat mit Fenchel und Orangen servieren (siehe Seite 167).

Radicchiosalat mit Fenchel an Orangendressing

Für 4 Personen (Beilage)
Zubereitung: 20 Minuten

> 1 großer oder 2 kleine Radicchio (Cicorino rosso)
> 1 mittelgroße Fenchelknolle (ca. 200 g)
> 1 Orange
> 4 EL Raps- oder Olivenöl
> 1 EL milder Kräuteressig
> 1 EL Zitronensaft
> Salz, Pfeffer aus der Mühle
> 1 Handvoll Baumnüsse (Walnusskerne)

Den Radicchio waschen, trocken schleudern und in fingerbreite Streifen schneiden. Den Fenchel halbieren, den harten Strunk wegschneiden und die Fenchelhälften in sehr feine Streifen schneiden. Das Fenchelgrün fein zupfen.

Die Orangenschale samt der weißen Innenhaut abschälen. Mit einem scharfen Messer die Filets zwischen den Trennhäuten herausschneiden und dabei den Saft auffangen. Die Orangenfilets zur Seite legen.

Für das Dressing Öl, Kräuteressig, Zitronensaft und den aufgefangenen Orangensaft gut verrühren, mit Salz und Pfeffer würzen.

Die Radicchio- und Fenchelstreifen auf eine Platte geben. Die Orangenfilets darauf verteilen. Die Baumnüsse von Hand grob zerkleinern und zusammen mit dem fein gezupften Fenchelgrün darüber verteilen. Das Dressing gleichmäßig darüber verteilen.

Schneller Auflauf mit Pak Choi und Fenchel

Für 4 Personen (Beilage)
Zubereitung: 20 Minuten

> 400 g Pak Choi
> 300 g Fenchel
> 2 Eier
> 300 g laktosefreier Quark
> 1 Bund Schnittlauch
> Salz, Pfeffer aus der Mühle
> Butter für die Form
> 50 g Greyerzer Käse, gerieben

Die Blätter des Pak Choi wegschneiden und die Knollen der Länge nach halbieren. Die Fenchelknollen halbieren und den harten Strunk herausschneiden. Den Pak Choi und den Fenchel in einem Siebeinsatz leicht dämpfen.

Eine längliche Auflaufform mit Butter einfetten. Das Gemüse nebeneinander einschichten. Eier und Quark verrühren. Schnittlauch fein schneiden und unterrühren. Mit Pfeffer und Salz gut würzen.

Den Guss über das Gemüse gießen und mit dem geriebenem Käse bestreuen. Im vorgeheizten Backofen bei 200 Grad etwa 25 bis 30 Minuten backen.

Beilage
Dazu passen Petersilienkartoffeln (siehe Seite 166).

Variante (FODMAP-arm)
Pak Choi durch Karotten ersetzen

Fischpäckchen mit Gemüsewürfeln

Für 4 Personen
Zubereitung: 25 Minuten
Garen im Ofen: 15–20 Minuten

100 g gelbe Peperoni (Paprika)
200 g Zucchini
200 g Fleischtomaten
½ Bund Thymian
2 EL Olivenöl
Salz, Pfeffer aus der Mühle
etwas frisch gepressten Zitronen- oder Limettensaft zum Beträufeln
500 g Goldbuttfilets

Die Peperoni in längliche, schmale Streifen schneiden, danach klein würfeln. Die Zucchini ebenfalls in sehr kleine Würfel schneiden. Die Tomate am Blütenende über Kreuz einschneiden, kurz in siedendes Wasser tauchen und häuten. Die Tomate in kleine Würfel schneiden. Die Thymianblättchen abstreifen und fein hacken.

Die Gemüsewürfel mit Thymian und Olivenöl sorgfältig vermischen und mit Salz und Pfeffer würzen.

Die Fischfilets mit Salz und Pfeffer würzen und mit etwas Zitronen- oder Limettensaft beträufeln.

Für jedes Päckchen ein Stück Alufolie (ca. 30 × 30 cm) bereitlegen. Die Fischfilets in die Mitte der Folie legen und Gemüse darüber verteilen. Die Folie gut zu einem Päckchen verschließen.

Im vorgeheizten Backofen bei 200 Grad etwa 15 bis 20 Minuten (je nach Dicke der Fischfilets) garen.

Beilage
Dazu gekochte Salzkartoffeln oder Reis sowie einen Blattsalat servieren.

Tipp
Tiefgekühlte Fischfilets im Kühlschrank über Nacht auftauen lassen. Aufgetaut kurz unter kaltem Wasser abspülen und mit einem Küchenpapier trocken tupfen.

Fried Rice mit Tofu

Für 4 Personen
Zubereitung: 30 Minuten

200 g Langkornreis
400 ml Wasser
½ TL Salz
200 g Brokkoli
250 g Karotten
1 Frühlingszwiebel, nur das Grün
400 g Tofu natur
2 EL Sojasauce
½ TL mildes Paprikapulver (edelsüß)
2 Eier
wenig Erdnussöl zum Braten
1 Handvoll Sojasprossen

Den Reis in einem Sieb unter fließendem kaltem Wasser spülen. Das Wasser in einem Topf aufkochen, Salz und Reis dazugeben. Nach Packungsanweisung weich kochen (ca. 15–20 Minuten).

Inzwischen den Brokkoli in sehr kleine Röschen zerteilen. Die Karotten schälen und in feine Stifte schneiden. Das Zwiebelgrün in feine Ringe schneiden. Den Tofu in kleine Würfel schneiden und mit Sojasauce und Paprikapulver vermischen. Die Eier in einer kleinen Schüssel mit einer Gabel kräftig verklopfen und mit Salz und Pfeffer leicht würzen.

In einem Wok oder einer hohen Bratpfanne wenig Öl erhitzen, die verklopften Eier hineingeben und zu Rührei garen. Sofort herausnehmen und mit Alufolie abgedeckt warm halten.

Die Pfanne mit Küchenpapier ausreiben, wenig Öl hineingeben und erhitzen. Das Zwiebelgrün darin andünsten. Brokkoliröschen und Karottenstifte sowie wenig Wasser hineingeben und unter Rühren etwa 10 Minuten knapp bissfest braten. Danach den gekochten Reis und die Sojasprossen dazugeben. Das Rührei zerzupfen und beifügen. Alles sorgfältig vermengen. Am Schluss die marinierten Tofuwürfel hinzugeben und nur noch kurz (1 bis 2 Minuten) mit erhitzen. Heiß servieren.

Beilage

Dazu passt gemischter Blattsalat (Endivie, Eichblattsalat, Radicchio).

Variante

Statt Tofu kann man auch 400–500 g geschnetzeltes Pouletfleisch verwenden. Dieses mit Sojasauce und Gewürzen marinieren, aber separat gut durchbraten und erst am Schluss dazugeben.

Poulet Sweet and Sour

Für 4 Personen
Zubereitung: 30 Minuten

1 rote oder gelbe Peperoni (Paprika)

1 Frühlingszwiebel, nur das Grün

600 g Pouletgeschnetzeltes

1 TL Maisstärke

Salz, Pfeffer aus der Mühle

½ TL mildes Paprikapulver (edelsüß)

2 EL Sesamöl

20 g frischer Ingwer, fein gehackt

100 ml Tomatensaft

100 ml Ananassaft (aus der Dose)

2 EL Zucker

2 EL Zitronensaft

3 EL Sojasauce

200 g Ananaswürfel (aus der Dose)

Die Peperoni waschen, halbieren und entkernen. Die Fruchthälften nochmals halbieren und quer in Streifen schneiden. Das Zwiebelgrün in feine Ringe schneiden.

Das Pouletfleisch mit Maisstärke bestäuben und mit Salz, Pfeffer und Paprika würzen. In einem Wok oder einer hohen Bratpfanne das Sesamöl erhitzen und das Fleisch nur kurz darin anbraten. Herausnehmen und zur Seite stellen.

In der gleichen Pfanne Peperonistreifen, Zwiebelgrün und Ingwer einige Minuten andünsten, Tomaten- und Ananassaft dazugießen und einige Minuten bei milder Temperatur köcheln lassen. Danach Zucker,-Zitronensaft und Sojasauce beifügen und weitere 10 Minuten köcheln lassen.

Am Schluss das Pouletfleisch und die Ananaswürfel hineingeben und nach Bedarf mit Salz und Pfeffer abschmecken.

Beilage
Dazu passt Basmatireis.

Variante
Die Peperoni durch Karottenstifte ersetzen. Diese etwas länger dünsten als Peperoni, damit sie knapp weich sind.

Rindsschmortopf mit Kartoffeln und Gemüse

Für 4 Personen
Zubereitung: 25 Minuten
Schmoren: 1½ Stunden

4 EL Olivenöl oder mit Knoblauch aromatisiertes Olivenöl (siehe Seite 47)
500–600 g Rindsragout (3–4 cm große Würfel)
2 Lorbeerblätter
½ TL Ingwerpulver
½ Nelkenpulver
Salz, Pfeffer aus der Mühle, frisch geriebene Muskatnuss
500 g kleine festkochende Baby-Kartoffeln
2 große Karotten (ca. 200 g)
160 g Kürbis (Sorte Hokkaido)
2 kleine Tomaten
1 Frühlingszwiebel, nur das Grün
2 EL Zucker

Das Olivenöl in einem Schmortopf (Bräter) erhitzen und die Fleischwürfel darin unter Wenden anbraten. Die Lorbeerblätter beifügen und mit den Gewürzen bestreuen. So viel Wasser zugießen, dass das Fleisch knapp bedeckt ist. Bei milder Temperatur etwa 25 Minuten leicht köcheln (schmoren) lassen.

Inzwischen die Kartoffeln schälen. Die Karotten schälen und in 2 bis 3 cm große Stücke schneiden. Den Kürbis schälen und ebenfalls in große Würfel oder Stücke schneiden. Zum Fleisch geben. Nach Bedarf wenig salzen und nachwürzen.

Den Stielansatz der Tomaten herausschneiden, die Tomaten würfeln. Das Grün der Frühlingszwiebel in feine Ringe schneiden. Tomatenwürfel und Zwiebelringe über den Eintopf verteilen und den Zucker darüberstreuen. Den Schmortopf (oder Bräter) zugedeckt oder mit Alufolie bedeckt für weitere 50 Minuten in den auf 170 Grad vorgeheizten Backofen stellen.

Die Lorbeerblätter entfernen. Für eine sämige Sauce am Schluss die weich gekochten Fleischwürfel, Karotten und Kartoffeln (bis auf 2 Kartoffeln) herausnehmen und in einer Schüssel zur Seite stellen. Den Rest mit dem Pürierstab fein pürieren. Fleisch, Karotten und Kartoffeln in die pürierte Sauce geben.

Tipp
Die Schmorzeit ist abhängig von der Fleischqualität und der Größe der Fleischwürfel.

Beilage
Dazu einen gemischten Blattsalat servieren.

Maisspätzli (Grundrezept)

Für 4 Personen (Beilage)
Zubereitung: 20 Minuten
Ruhen lassen: 30 Minuten

250 g Maismehl
3 Eier
½ TL Salz
frisch geriebene Muskatnuss
ca. 200 ml Milchwasser (halb laktosefreie Milch,
halb Wasser)
2 EL Butter
50 g Sbrinz oder Parmesan, gerieben

Das Maismehl in eine Schüssel geben. Die Eier mit einer Gabel verklopfen und dazugeben. Mit Salz und Muskatnuss würzen. So viel Milchwasser einrühren, bis ein dickflüssiger Teig entsteht. Den Teig kräftig rühren und etwa 30 Minuten ruhen lassen.

In einem hohen Topf reichlich Salzwasser aufkochen. Den Teig portionsweise mithilfe eines Spätzlisiebs ins leicht siedende Wasser geben. Sobald die Spätzli an die Oberfläche hochsteigen, mit einem Schaumlöffel herausnehmen, in einem Sieb unter kaltem Wasser kurz spülen und gut abtropfen lassen.

Die Butter in einer Bratpfanne leicht erwärmen, die Spätzli darin wenden und mit frisch geriebenem Käse bestreuen. Sofort heiß servieren.

Beilage

Diese Maisspätzli passen gut zu geschnetzeltem Kalbfleisch (siehe Seite 153). Dazu glasiertes Karottengemüse (siehe Seite 154) oder einen gemischten Blattsalat servieren.

Spätzlipfanne mit Spinat und Salsiz

Für 4 Personen
Zubereitung: 20 Minuten

1 Portion Maisspätzli (Grundrezept links)

400 g Blattspinat
1 Frühlingszwiebel, nur das Grün
100 g Bündner Salsiz (luftgetrocknete oder geräucherte Rohwurst, ähnlich Salami)
2 EL mit Knoblauch aromatisiertes Olivenöl
 (siehe Seite 47)
50 ml laktosefreier Rahm
Pfeffer aus der Mühle, Salz
50 g kräftiger Alpkäse, gerieben

Die Spätzli nach Grundrezept zubereiten.

Den Blattspinat waschen und gut abtropfen lassen. Das Zwiebelgrün fein schneiden. Den Salsiz in kleine Würfel schneiden.

In einer Pfanne das Olivenöl erhitzen und das Zwiebelgrün darin andünsten. Den Blattspinat dazugeben und unter Rühren dünsten. Den Rahm dazugießen und einige Minuten köcheln lassen. Mit Pfeffer würzen und nur wenig salzen.

Die frisch zubereiteten Spätzli sorgfältig mit dem heißen Rahmspinat und den Salsizwürfelchen vermengen. In eine vorgewärmte Schüssel geben und mit geriebenem Käse bestreuen. Sofort heiß servieren.

Beilage

Je nach Saison und Marktangebot passt ein gemischter Blattsalat oder ein Endiviensalat mit Clementinen (siehe Seite 178).

Vegetarische Variante

Salsiz weglassen, dafür Rahm- und Käsemenge verdoppeln. Sauce mit Spätzli und Spinat vermengen und im Ofen überbacken.

Endiviensalat mit Clementinen

Für 4 Personen (Beilage)
Zubereitung: 15 Minuten

300 g Endiviensalat
2 Clementinen (oder Mandarinen)

SAUCE
2–3 EL Rapsöl
2 EL milder Obstessig
3 EL laktosefreie Milch
1 TL mittelscharfer Senf
1 Prise Zucker
Salz, Pfeffer aus der Mühle

Den Endiviensalat waschen, trocken schleudern und in feine Streifen schneiden. Die Clementinen schälen, die einzelnen Fruchtschnitze auseinanderlösen und halbieren; Kerne entfernen.

Für die Sauce Rapsöl, Obstessig, Milch, Senf und Zucker gut verrühren und mit Salz und Pfeffer würzen.

Den Endiviensalat und die Clementinenstücke mit der Sauce vermischen.

Varianten

– Statt Endivien passt auch ausgezeichnet Chicorée (Brüsseler).
  Clementinen oder Mandarinen durch eine Orange ersetzen.
– Farblich attraktiv sind Granatapfelkerne. Dafür nur eine Clementine verwenden und die Kerne von ½ Granatapfel am Schluss über den Salat streuen.

Schupfnudeln

Für 4 Personen (Beilage)
Zubereitung: 25 Minuten
Kochen (Kartoffeln): 15 Minuten
Ruhen lassen: 15 Minuten

400 g mehligkochende Kartoffeln
60 g feiner Maisgrieß
1 Eigelb
1 EL weiche Butter
1 TL Salz
frisch geriebene Muskatnuss
wenig Pfeffer aus der Mühle
wenig Bratbutter

Die Kartoffeln mit der Schale in einem Siebeinsatz über Dampf, im Steamer oder mit wenig Wasser in einem Topf weich garen. Leicht abkühlen lassen. Die Kartoffeln schälen und durch eine Kartoffelpresse in eine Schüssel drücken.

Maisgrieß, Eigelb und Butter dazugeben und mit Salz, Muskatnuss und Pfeffer gut würzen. Alles zu einem weichen, geschmeidigen Teig verarbeiten. Zugedeckt bei Zimmertemperatur etwa 15 Minuten ruhen lassen.

Den Teig zu etwa 2 cm dicken Rollen formen, diese in 3 cm lange Stücke schneiden und jedes Stück mit den Händen zu den typischen länglich zugespitzten Schupfnudeln formen.

Kurz vor dem Servieren die Schupfnudeln in einer beschichteten Bratpfanne in wenig heißer Bratbutter von allen Seiten langsam goldgelb braten.

Tipp

Diese Beilage passt ausgezeichnet zu Kalbsgeschnetzeltem (siehe Seite 153).

Wurzelgemüse

Für 4 Personen (Beilage)
Zubereitung: 15 Minuten

    200 g Karotten
    200 g Pfälzer Karotten
    200 g Pastinaken
    1 EL Oliven- oder Rapsöl
    ½ TL Kurkumapulver
    ½ TL mildes Paprikapulver
    300 ml Milchwasser (halb laktosefreie Milch, halb
    Wasser)
    1–2 TL Maisstärke
    Salz, Pfeffer aus der Mühle
    2 EL fein geschnittene glattblättrige Petersilie

Das Wurzelgemüse schälen und in kleine Würfel oder feine Scheiben schneiden. In einem Dampfkorb oder Siebeinsatz über kochendem Wasser knackig dämpfen.

Inzwischen in einem Topf das Öl erwärmen. Kurkuma- und Paprikapulver kurz andünsten. Milchwasser und Maisstärke gut verrühren und dazugießen. Unter Rühren aufkochen und zu einer sämigen Sauce einköcheln lassen. Mit Salz und Pfeffer abschmecken.

Das Gemüse hineingeben, die Petersilie beifügen und alles vermengen.

Vegetarische Variante Schupfnudelpfanne
Wurzelgemüse mit Schupfnudeln (siehe Seite 178) in eine Gratinform geben, mit wenig Rahm übergießen und mit geriebenem Greyerzerkäse bestreuen. Im Ofen bei 200 Grad etwa 20 Minuten überbacken.

Hirse-Spinat-Soufflé

Für 4 Personen
Zubereitungszeit: 15 Minuten
Koch- und Quellzeit: ca. 35 Minuten
Backzeit: 30 Minuten

    700 ml Wasser
    1 Lorbeerblatt
    ½ TL Salz
    180 g Hirse
    1 TL mildes Currypulver
    6 Würfel tiefgekühlter Blattspinat, aufgetaut
      (ca. 350 g)
    4 Eigelb
    100 g Sbrinz, gerieben
    ½ TL Backpulver
    Salz, Pfeffer aus der Mühle
    4 Eiweiß
    1 Prise Salz

Wasser mit Lorbeerblatt und Salz aufkochen. Hirse, Currypulver und Spinat hineingeben und die Temperatur zurückstellen. Etwa 15 Minuten leicht köcheln lassen, gelegentlich rühren und anschließend auf ausgeschalteter Herdplatte rund 20 Minuten quellen lassen. Das Lorbeerblatt entfernen.

Eigelb, Käse und Backpulver unter die gekochte Hirse rühren. Mit Salz und Pfeffer abschmecken. Das Eiweiß mit dem Salz steif schlagen. Den Eischnee sorgfältig unter die Hirsemasse heben.

Die Masse in eine Auflaufform füllen und in der unteren Hälfte des vorgeheizten Backofens bei 200 Grad etwa 30 Minuten backen.

Beilage
Dazu passt ein Karottensalat (siehe Seite 128) oder ein Karottengemüse (siehe Seite 154).

Kalbsrouladen mit Polenta

Für 4 Personen
Zubereitung: 15 Minuten
Braten: 8–10 Minuten, je nach Dicke und Größe der
Rouladen

    4 Kalbsschnitzel (zartes Hüftstück), je 120 g
    3 EL scharfer Senf
    ½ Bund glattblättrige Petersilie
    4 dünn geschnittene Scheiben Hinterschinken
    Salz, Pfeffer aus der Mühle
    wenig Bratbutter zum Braten

Die Kalbsschnitzel auf einem großen Brett auslegen, mit Klarsichtfolie bedecken und mit dem Teigroller oder Fleischklopfer vorsichtig flach klopfen. Die Schnitzel mit Senf bestreichen. Die Petersilie fein schneiden und darüber verteilen. Jeweils mit einer Schinkenscheibe belegen und aufrollen. Die Rouladen mit einem Holzzahnstocher verschließen und befestigen.

In einer beschichteten Bratpfanne wenig Bratbutter erhitzen, die Kalbsrouladen mit Pfeffer und Salz gut würzen und bei mittlerer Temperatur rundherum braten.

Zum Servieren den Zahnstocher entfernen, die Rouladen in der Mitte schräg durchschneiden und zur Polenta anrichten.

Polenta

Für 4 Personen (Beilage)
Zubereitung: 5 Minuten
Quellen: 30–45 Minuten

    1 l Wasser
    2 gestrichene TL Salz
    200 g grober Maisgrieß (Bramata)
    50 g Parmesan, gerieben
    Salz, Pfeffer aus der Mühle

Das Wasser aufkochen, das Salz beifügen und den Maisgrieß hineingeben. Kurz kochen lassen, dann die Temperatur zurückschalten und unter gelegentlichem Rühren bei milder Hitze 15 bis 20 Minuten köcheln lassen, bis der Maisgrieß fester wird. Anschließend zugedeckt auf kleinster Stufe 30 Minuten quellen lassen (Packungsanweisung beachten).

Den Parmesan unter die Polenta rühren und mit Salz und Pfeffer abschmecken. Ist die Polenta zu fest, wenig Wasser darunterrühren, bis die Polenta geschmeidig wird.

Mit einem Eisportionierer jeweils zwei Kugeln Polentamasse auf die Teller geben, dazu die Kalbsrouladen und das Karottengemüse (siehe Seite 154) anrichten.

Tipps
- Für eine besonders cremige Polenta am Schluss 2 bis 3 Esslöffel laktosefreien Mascarpone darunterrühren.
- Für mehr Würze zusätzlich 30 g in Olivenöl eingelegte Dörrtomaten sehr fein hacken, daruntermischen und etwa 15 Minuten mitköcheln lassen.

Beilage
Dazu passt Wurzelgemüse (siehe Seite 179) oder glasiertes Karottengemüse (siehe Seite 154).

Quinoa mit Rindfleisch und grünem Gemüse

Für 4 Personen
Zubereitung: 40 Minuten
Kochen und Quellen (Quinoa): 25 Minuten

RINDFLEISCH
500 g geschnetzeltes Rindfleisch
3 EL High-Oleic-Rapsöl (siehe Produkthinweis)
2 TL Maisstärke
150 ml trockener Sherry oder Noilly Prat
Salz, Pfeffer aus der Mühle
1 EL High-Oleic-Rapsöl zum Braten

QUINOA
300 ml Wasser
1 TL Kurkumapulver
Salz
150 g helles Quinoa

GEMÜSE
300 g grüne Stangenbohnen
200 g Brokkoli
Pfeffer aus der Mühle

Das Rindfleisch mit dem Öl vermengen und zugedeckt zur Seite stellen. Die Maisstärke mit dem Sherry (oder Noilly Prat) verrühren.

Das Wasser mit dem Kurkumapulver aufkochen, leicht salzen. Das Quinoa einrühren, kurz aufkochen und bei milder Temperatur etwa 10 Minuten köcheln, anschließend zugedeckt 15 Minuten quellen lassen. Leicht salzen.

Die Bohnen in einem Topf mit reichlich Salzwasser 10 bis 15 Minuten kochen. In ein Sieb abgießen, unter kaltem Wasser abspülen und gut abtropfen lassen. Die Bohnen je nach Größe halbieren. Den Brokkoli in sehr kleine Röschen teilen.

Einen Wok oder eine hohe Bratpfanne erhitzen, das Fleisch mit der Marinade portionsweise hineingeben und unter Rühren knapp 1 Minute anbraten. Mit Salz und Pfeffer würzen und wieder herausnehmen.

1 Esslöffel Öl in die Pfanne geben und zuerst die Brokkoliröschen kurz darin unter Rühren braten. Leicht salzen. Das Fleisch und die Bohnen hineingeben, mit der Sherry-Flüssigkeit übergießen und kurz aufkochen, bis die Sauce leicht bindet. Vom Herd ziehen.

Das Quinoa mit einer Gabel etwas auflockern und dazu servieren.

Tipp
Quinoa durch Reis ersetzen.

Produkthinweis
High-Oleic-Pflanzenöle sind spezielle Bratöle, die bis 200 Grad hitzebeständig sind und sich deshalb für hohes Erhitzen eignen. Ersatzweise kann man Erdnussöl verwenden.

Paella mit Gemüse

Für 4 Personen
Zubereitung: 20 Minuten
Kochen: 20 Minuten

200 g Karotten
150 g rote Peperoni (Paprika)
150 g kleine Zucchini
2 EL Olivenöl
300 g Rundkornreis (z. B. Arborio)
1 Briefchen Safranpulver (0,4 g)
230 g gehackte Tomaten aus der Dose (Pelati)
ca. 350 ml Wasser
1 TL Salz
Pfeffer aus der Mühle
2 EL Zitronensaft
einige Zweige glattblättrige Petersilie

Die Karotten schälen und in dünne Scheiben schneiden. Die Peperoni halbieren, entkernen und in Streifen schneiden. Die Zucchini in Scheiben schneiden.

In einer weiten Schmorpfanne das Olivenöl erhitzen, Reis und Safran beifügen, einige Minuten rühren, bis der Reis glasig wird. Das klein geschnittene Gemüse und die Tomaten mit dem Saft dazugeben, mit dem Wasser auffüllen und salzen. Kurz aufkochen und danach bei mittlerer Temperatur zugedeckt etwa 20 Minuten köcheln lassen. Die Flüssigkeit muss ganz aufgesogen sein, falls nötig noch Wasser nachgießen oder länger garen lassen.

Mit Pfeffer und nach Bedarf Salz sowie mit Zitronensaft abschmecken. Die Petersilie fein schneiden und zum Servieren darüberstreuen.

Beilagen klassisch und vegetarisch

Für eine klassische Paella 500 g gemischte Meeresfrüchte oder 8 sauber geputzte Riesencrevetten mit Zitronensaft beträufeln, separat kurz anbraten und mit Pfeffer und Salz würzen. Am Schluss unter die Paella mischen.

Als vegetarische Proteinbeilage passt Tofu: 500 g Tofu natur in Würfel schneiden, mit Sojasauce marinieren und mit mildem Paprikapulver würzen. Kurz anbraten und am Schluss unter die Paella mischen.

Heilbutt mit Olivenkruste und Tomaten

Für 4 Personen
Zubereitung: 20 Minuten
Garen im Ofen: 12–15 Minuten

60 g schwarze entsteinte Oliven
8–10 Zweige Thymian oder Zitronenthymian
50 ml Olivenöl
1 unbehandelte Zitrone, abgeriebene Schale
2 EL Paniermehl

500 g Heilbuttfilets
Pfeffer aus der Mühle, Salz
200 g Cherrytomaten

Die Oliven klein schneiden. Die Thymianblättchen von den Zweigen streifen. Oliven, Thymianblättchen und Olivenöl in einem hohen Gefäß mit dem Pürierstab (oder im Cutter) fein pürieren. Die Paste mit abgeriebener Zitronenschale und Paniermehl verrühren.

Eine große Gratinform mit Olivenöl ausstreichen. Die Fischfilets mit Pfeffer und nur wenig Salz würzen und nebeneinander in die Form legen. Die Olivenpaste gleichmäßig auf den Fischfilets verstreichen. Die Cherrytomaten halbieren und um die Fischfilets herum verteilen. Leicht salzen.

Im vorgeheizten Backofen bei 200 Grad etwa 12 bis 15 Minuten garen. Die Garzeit ist abhängig von der Dicke der Fischfilets.

Beilage

Dazu Reis oder Salzkartoffeln sowie einen Blattsalat servieren.

Varianten

- Auch andere Fischfilets wie Kabeljau, Lachs oder Wolfsbarsch eignen sich.
- Ein anderes Rezept für eine selbst gemachte Oliven-Tapenade findet sich auf Seite 76.

Zander auf Frühlingsgemüse an Safransauce

Für 4 Personen
Zubereitung: 30 Minuten

500 g Zanderfilets
1 Frühlingszwiebel, nur das Grün
6 kleine Bundkarotten (ca. 250 g)
100 g Kohlrabi
200 g Fenchel
2 EL Olivenöl
50 ml trockener Wermut oder Weißwein
150 ml laktosefreier Rahm
1 Briefchen Safran (ca. 0,4 g)
Salz, Pfeffer aus der Mühle
Olivenöl zum Braten

Die Fischfilets unter kaltem Wasser kurz abspülen und mit Küchenpapier sorgfältig trocken tupfen. Zugedeckt beiseitestellen.

Das Grün der Zwiebel in feine Ringe schneiden. Die Karotten waschen, je nach Dicke eventuell der Länge nach halbieren und das Kraut bis auf 2 cm wegschneiden. Die Kohlrabi in feine Stifte schneiden. Den Fenchel halbieren, den harten Strunk entfernen und den Fenchel quer in 7 mm dicke Streifen schneiden.

In einer Pfanne das Olivenöl erhitzen, zuerst das Zwiebelgrün andünsten, Karotten, Kohlrabi und Fenchel beifügen. Wermut oder Weißwein dazugießen und leicht einköcheln lassen. Rahm und Safran unterrühren. Einige Minuten ohne Deckel köcheln lassen. Mit Salz und Pfeffer abschmecken. Warm halten.

Die Fischfilets mit Salz und Pfeffer würzen. In einer beschichteten Bratpfanne etwas Olivenöl erhitzen und die Filets bei mittlerer Temperatur auf beiden Seiten kurz anbraten, vorsichtig wenden. Sofort heiß zum Gemüse servieren.

Beilage
Dazu passen kleine Frühkartoffeln oder Basmatireis.

Lachs in der Folie

Für 4 Personen
Zubereitung: 15 Minuten
Garen im Ofen: 15–20 Minuten

ca. 360 g Sauerrahm
500 g Lachsfilets ohne Haut (4 Filets à ca. 125 g)
Salz, Pfeffer aus der Mühle
½ Bund Dill

4 Blätter Alufolie (ca. 30 × 30 cm) bereitlegen. In die Mitte jedes Blatts 2 Esslöffel Sauerrahm geben und auf die Größe des Lachsfilets ausstreichen. Die Lachsfilets auf beiden Seiten gut pfeffern und salzen. Auf die Sauerrahmschicht legen. Auf die Oberseite nochmals eine Schicht Sauerrahm streichen. Den Dill zerzupfen und großzügig darauf verteilen. Die Folie von allen Seiten hochklappen und so verschließen, dass noch genug Hohlraum über dem Fischfilet ist.

Auf einem Blech im vorgeheizten Backofen bei 180 Grad etwa 15 bis 20 Minuten garen. Die Garzeit ist abhängig von der Dicke und Größe der Filets.

Beilagen
Dazu passen Salzkartoffeln oder Reis und eine schonend gedämpfte Gemüsebeilage (z. B. 300 g Karotten und 200 g Brokkoli gemischt).

Tipps
– Die Fischfilets sollten alle gleich groß und dick sein, damit sie zur selben Zeit gar sind.
– Dieses Rezept ist sehr einfach und gut im Voraus vorzubereiten – ideal für Gäste. Mit dem Sauerrahm bleibt der Fisch in der Folie wunderbar saftig.
– Man kann auch ein großes Lachsfilet am Stück kaufen und in zwei Lagen Alufolie verpacken. Die Garzeit beträgt je nach Dicke dann etwa 25 bis 30 Minuten.

Lachs mit Kartoffel-Süßkartoffel-Gratin

Für 4 Personen
Zubereitung: 25 Minuten
Backen im Ofen: 50 Minuten

GRATIN
700 g mehligkochende Kartoffeln
300 g Süßkartoffeln
Salz
200 ml laktosefreier Rahm
frisch geriebene Muskatnuss
Pfeffer aus der Mühle
einige Zweige Thymian
Olivenöl für die Form
50 g Parmesan, gerieben

4 Stücke Lachsfilets, je ca. 120 g
etwas Zitronensaft
1 EL Olivenöl

Die Kartoffeln und Süßkartoffeln schälen, in 3 mm dünne Scheiben hobeln und in eine Schüssel geben. Leicht salzen.

Den Rahm mit Salz, Muskatnuss und Pfeffer kräftig würzen. Die Thymianblättchen von den Zweigen streifen, fein hacken und darunterrühren.

Eine Gratinform leicht mit Olivenöl einfetten. Die Kartoffelscheiben einschichten und dabei immer wieder mit Rahmflüssigkeit begießen. Am Schluss den Gratin mit Parmesan bestreuen.

Die Gratinform auf ein Backblech stellen und in der Mitte des vorgeheizten Backofens bei 180 Grad etwa 50 Minuten backen, bis die Kartoffeln weich sind. Sobald der Gratin zu bräunen beginnt, mit Alufolie abdecken.

Die Lachsfilets mit einigen Tropfen Zitronensaft und Olivenöl beträufeln und leicht pfeffern. Einzeln in Alufolie einpacken und etwa 15 Minuten vor Ende der Backzeit direkt auf das Blech neben den Gratin legen.

Beilage
Dazu passt gedämpfter würziger Blattspinat:

500 g Blattspinat
25 g in Olivenöl eingelegte Dörrtomaten
  (ca. 3 Stück à 8 g)
Pfeffer aus der Mühle, Salz

Die Spinatblätter waschen, abtropfen lassen und die groben Stiele entfernen. Die Dörrtomaten sehr fein hacken.

In einem großen Topf die tropfnassen Spinatblätter bei mittlerer Temperatur dünsten. Die Dörrtomaten dazugeben und so lange rühren, bis die Spinatblätter zusammenfallen. Mit Pfeffer und nur wenig Salz würzen.

Variante
Süßkartoffeln durch Kartoffeln ersetzen. Ein klassischer Kartoffelgratin findet sich auf Seite 129.

Satay-Spießchen an Erdnuss-Kokos-Sauce

Für 4 Personen
Zubereitung: 35–40 Minuten
Marinieren: 30 Minuten

4 Pouletbrustfilets, je ca. 120 g

MARINADE
2 EL Sojasauce
1 EL Olivenöl
2 EL Erdnussbutter
1 EL Zitronensaft
½ TL Salz

ERDNUSS-KOKOS-SAUCE
200 ml Kokosmilch
2 EL Erdnussbutter
60 g Erdnüsse, sehr klein gehackt
Salz, Pfeffer aus der Mühle

Tipp
Dazu passt Basmativollreis sowie ein gemischter Blattsalat oder eine Gemüsebeilage.

Lunchbox
Die Pouletspießchen (ohne Erdnuss-Kokos-Sauce) passen auch als Beilage zum Curry-Reis-Salat mit Früchten (siehe Seite 88). Dazu die Pouletspießchen anbraten, abkühlen lassen und verpackt zum Lunch mitnehmen.

Die Pouletbrustfilets mit Klarsichtfolie bedecken und mit dem Teigroller oder Fleischklopfer sorgfältig auf eine Dicke von etwa 7 mm flach klopfen. Jedes Filet der Länge nach in drei gleich breite Stücke schneiden. Jedes Stück auf ein Holzspießchen aufspießen.

Für die Marinade alle Zutaten gut verrühren und die Pouletstücke damit bestreichen. Im Kühlschrank 30 Minuten marinieren lassen.

Inzwischen für die Erdnuss-Kokos-Sauce alle Zutaten in einem hohen Gefäß mit dem Pürierstab pürieren und in einem kleinen Topf unter ständigem Rühren 10 bis 15 Minuten einköcheln lassen. Nach Bedarf nochmals aufschäumen und beiseitestellen.

Die Pouletspießchen in einer beschichteten Brat- oder Grillpfanne von beiden Seiten gut durchbraten und auf einer vorgewärmten Platte zugedeckt warm stellen. Die Erdnuss-Kokos-Sauce dazu servieren.

Schweinefiletstreifen Szechuan

Für 4 Personen
Zubereitung: 45 Minuten

500 g Schweinefilet
3 EL Sojasauce
1 TL mildes Paprikapulver
200 g Karotten
150 g rote oder gelbe Peperoni (Paprika)
150 g Brokkoli
1 Prise Salz, Pfeffer aus der Mühle
2 EL Maisstärke
3 EL Sojasauce
1 EL Reisessig (ersatzweise Weißweinessig)
150 ml Wasser
3 EL Erdnussöl oder High-Oleic-Öl

Das Schweinefilet in 1½ cm dicke Scheiben schneiden, diese in feine Streifen schneiden und mit Sojasauce und Paprikapulver in einer Schüssel vermischen. Zugedeckt 30 Minuten im Kühlschrank marinieren lassen.

Die Karotten in feine Scheiben oder Stifte schneiden. Die Peperoni halbieren, von Stielansatz und Kernen befreien. Die Peperonihälften quer in feine Streifen schneiden. Den Brokkoli in sehr kleine Röschen teilen.

Maisstärke, Sojasauce und Reisessig in einer Schüssel verrühren. Das Wasser darunterrühren.

2 Esslöffel Erdnussöl (oder High-Oleic-Öl) im Wok oder in einer hohen Bratpfanne erhitzen. Das marinierte Fleisch darin unter stetem Wenden etwa 5 Minuten kräftig anbraten. Das Fleisch herausnehmen und zur Seite legen.

Das restliche Öl in die Pfanne geben und das Gemüse 5 Minuten rührbraten. Es sollte noch knackig sein. Leicht salzen und pfeffern.

Das Fleisch und die angerührte Maisstärke zum Gemüse geben und bei reduzierter Temperatur knapp 5 Minuten köcheln lassen, bis die Sauce leicht bindet.

Beilage
Basmatireis oder Reisnudeln dazu servieren.

Gratinierte Maisschnitten mit Tomaten und Raclettekäse

Für 4 Personen
Zubereitung: 15 Minuten
Kochen und Quellen: 45 Minuten
Überbacken: 20 Minuten

600 ml Wasser
1 TL Salz, Pfeffer aus der Mühle
1 Msp. frisch geriebene Muskatnuss
200 g grober Maisgrieß (Bramata)
250 g Tomaten
250 g Raclette-Käsescheiben (ca. 8 Stück)
Butter für die Form

Das Wasser aufkochen, mit Salz, wenig Pfeffer und Muskatnuss würzen. Den Maisgrieß einrühren und unter ständigem Rühren bei milder Temperatur 15 Minuten köcheln und anschließend auf der abgeschalteten Herdplatte 30 Minuten quellen lassen. Nach Bedarf mit den Gewürzen nochmals abschmecken.

Noch warm etwa 1½ cm dick auf einem gebutterten Backblech (ca. 25 × 38 cm) ausstreichen, erkalten und fest werden lassen.

Den Stielansatz der Tomaten herausschneiden und die Tomaten in 1 cm dicke Scheiben schneiden. Die Tomatenscheiben nebeneinander mit etwas Abstand auf der Maismasse verteilen. Die Raclettescheiben auf die Tomaten legen.

Im vorgeheizten Backofen bei 200 Grad etwa 20 Minuten überbacken, bis der Käse geschmolzen ist. Zum Servieren in Schnitten schneiden.

Beilage
Dazu passt ein Gurkensalat mit Joghurtdressing.

Gurkensalat mit Joghurtdressing

Für 4 Personen (Beilage)
Zubereitung: 5–10 Minuten

1 große Salatgurke
180 g laktosefreier Joghurt
2 EL Rapsöl
1 EL milder Apfelessig
Salz, Pfeffer aus der Mühle
½ Bund Dill, fein geschnitten

Die Salatgurke schälen, der Länge nach vierteln und in kleine Würfel schneiden.

Für das Dressing Joghurt, Rapsöl und Essig verrühren. Mit Salz und Pfeffer würzen und den Dill darunterrühren.

Die Gurkenwürfel mit dem Joghurtdressing vermengen.

Gefüllte Pouletröllchen mit Babykartoffeln und Cherrytomaten

Für 4 Personen
Zubereitung: 45 Minuten
Garen im Ofen: 30–35 Minuten

POULETRÖLLCHEN
4 Pouletbrustfilets, je ca. 120 g
4 Scheiben Rohschinken, dünn geschnitten
150 g laktosefreier Frischkäse
½ unbehandelte Zitrone, abgeriebene Schale
Salz, Pfeffer aus der Mühle
Olivenöl zum Anbraten

600 g kleine Babykartoffeln (Frühkartoffeln)
3–4 Zweige Rosmarin
grobe Salzkörner
200 g Cherrytomaten
100 ml trockener Weißwein
50 ml Wasser

Die Pouletbrüstchen von der Seite her waagrecht einschneiden, aber nicht ganz durchschneiden; auseinanderklappen. Mit Klarsichtfolie bedecken und mit dem Teigroller oder Fleischklopfer sorgfältig flach klopfen. Jeweils eine Scheibe Rohschinken darauflegen.

Frischkäse und Zitronenschale vermengen. Mit Salz und Pfeffer gut würzen. Auf dem Rohschinken verteilen und aufrollen. Die Röllchen mit einem Holzzahnstocher fixieren oder mit Küchenschnur zusammenbinden.

In einer beschichteten Bratpfanne die Pouletröllchen in wenig Öl von allen Seiten anbraten, mit Salz und Pfeffer würzen. Herausnehmen und in eine große Gratinform legen.

Die Kartoffeln unter fließendem kaltem Wasser gut waschen, ungeschält der Länge nach halbieren. In der gleichen Pfanne wenig Öl erhitzen. Die Kartoffeln mit den abgestreiften Rosmarinnadeln hineingeben, mit wenig grobem Salz bestreuen und etwa 10 Minuten (je nach Dicke der Kartoffeln) anbraten.

Die Pfanne immer wieder schütteln. Die Kartoffeln mit dem Rosmarin zwischen die Pouletröllchen geben und die Cherrytomaten darüber verteilen. Weißwein und Wasser dazugießen.

Im vorgeheizten Backofen bei etwa 200 Grad 30 bis 35 Minuten garen. Während der letzten 15 Minuten die Form mit Alufolie zudecken.

Variante
Anstelle der Cherrytomaten kann man auch Zucchiniwürfel, Fenchelstreifen oder rote Peperonistücke (Paprika) verwenden.

Beilage
Dazu passt ein Saisonblattsalat (z. B. Eichblatt, Kopfsalat, Lollosalat, Radicchio) mit gerösteten Kernen (Kürbis-, Sonnenblumen- oder Pinienkerne).

Riz Casimir

Für 4 Personen
Zubereitung: 30 Minuten

600 ml Wasser
300 g Parboiled-Reis
½ TL Salz

1 kleine rote Peperoni (Paprika)
1 Baby-Ananas
2 kleine Bananen
500 g geschnetzeltes Kalbfleisch
1 EL Currypulver
Salz, Pfeffer aus der Mühle
1 EL Bratbutter
50 ml trockener Weißwein
100 ml laktosefreier Rahm
50 g Pinienkerne

Das Wasser aufkochen, Reis und Salz hineingeben und bei milder Temperatur etwa 15 Minuten köcheln lassen. Zugedeckt auf der warmen Herdplatte stehen lassen.

Inzwischen die Peperoni halbieren, entkernen und quer in feine Streifen schneiden. Die Ananas großzügig schälen, halbieren und den harten Strunk herausschneiden. Das Fruchtfleisch in kleine Würfel schneiden, den Saft dabei auffangen. Die Bananen schälen und in etwa 8 mm dicke Scheiben schneiden.

Das Kalbfleisch mit Currypulver, Salz und Pfeffer würzen. Die Bratbutter in einer beschichteten Bratpfanne erhitzen und das Fleisch portionsweise anbraten. Herausnehmen und warm stellen.

Die Pfanne mit Haushaltspapier ausreiben. Den Weißwein hineingießen, Peperonistreifen, Ananas (inklusive Saft) und Bananen dazugeben und kurz dünsten. Den Rahm dazugießen und wenige Minuten bei mittlerer Temperatur köcheln lassen. Mit Salz und Pfeffer würzen und nach Bedarf mit wenig Currypulver abschmecken.

Das Fleisch zur Sauce geben und vermischen. Die Pinienkerne ohne Fettzugabe in einer Pfanne rösten. Das Fleisch zum Reis servieren und mit Pinienkernen bestreuen.

Beilage
Dazu einen gemischten Blattsalat servieren.

Varianten
– Kalbfleisch durch Poulet- oder Schweinefleisch ersetzen.
– Tofu-Variante: 500 g Tofu natur in kleine Würfel schneiden, mit Sojasauce und Currypulver marinieren und wie das Fleisch kurz von allen Seiten anbraten.

Lachs mit Oliven-Kräuter-Haube

Für 4 Personen
Zubereitung: 25 Minuten
Garen im Ofen: 10–12 Minuten

500 g Lachsfilets (4 Filets à ca. 125 g)
Pfeffer aus der Mühle
Butter für die Form
1 Bund Schnittlauch
½ Bund Petersilie oder Majoran
½ Bund Basilikum
1 Handvoll entsteinte schwarze Oliven
2 EL Pinienkerne
1 unbehandelte Zitrone, abgeriebene Schale
   und 2 EL Saft
80 g Paniermehl
2 EL rosa Pfefferkörner
50 ml Olivenöl
Salz

Die Fischfilets unter kaltem Wasser kurz abspülen und mit Küchenpapier trocken tupfen. Auf beiden Seiten mit Pfeffer würzen. Die Filets nebeneinander in eine große mit Butter gefettete Gratinform legen.

Alle Kräuter sehr fein schneiden. Oliven und Pinienkerne grob hacken. Alles zusammen mit Zitronenschale und -saft in einer kleinen Schüssel vermischen. Paniermehl und Pfefferkörner beifügen und zu einer Paste verrühren. Leicht mit Salz und Pfeffer würzen.

Die Oliven-Kräuter-Paste auf den Fischfilets verteilen und vorsichtig andrücken.

Im vorgeheizten Backofen bei 200 Grad etwa 10 bis 12 Minuten garen.

Beilage
Dazu passen Salzkartoffeln und ein gemischter Blattsalat, zum Beispiel mit Gurkenscheiben oder geriebenen Karotten.

Variante
Auch andere Fische mit festem, dickem Fleisch, wie Kabeljau, Dorsch oder Wolfsbarsch, eignen sich.

Fischröllchen an Zitronensauce

Für 4 Personen
Zubereitung: 20 Minuten

> 500 g flache, dünne Fischfilets (z. B. Flunder,
> Goldbutt, Steinbutt)
> Fleur de Sel, Pfeffer aus der Mühle
>
> SAUCE
> 75–100 ml trockener Sherry oder Weißwein
> 1 unbehandelte Zitrone, abgeriebene Schale
> 250 ml laktosefreier Rahm

Die Fischfilets auf beiden Seiten mit Fleur de Sel und Pfeffer würzen. Aufrollen und mit einem Holzzahnstocher fixieren. Im Steamer oder in einem Dampfkorb etwa 6 Minuten garen (je nach Dicke der Fischfilets).

Inzwischen Sherry (oder Weißwein) in einem kleinen Topf aufkochen und 1 Minute köcheln lassen. Die Zitronenschale beifügen. Am Schluss den Rahm dazugießen und mit Salz und Pfeffer würzen. Nicht mehr aufkochen.

Die Fischröllchen auf vorgewärmte Teller setzen und mit der Sauce leicht übergießen.

Variante
Dazu passt auch eine Safransauce (siehe Seite 187).

Beilagen
Gemüsereis oder Salzkartoffeln sowie einen bunt gemischten Blattsalat, zum Beispiel Nüsslisalat, (Feldsalat), Radicchio, Endivie dazu servieren.

Gemüsereis

Für 4 Personen (Beilage)
Zubereitung: 5 Minuten
Reis kochen: 15–20 Minuten

> 1 kleine Karotte (ca. 80 g)
> 1 kleine Pfälzer Karotte (ca. 80 g)
> 200 g Langkornreis (parboiled)
> 1 EL kaltgepresstes Olivenöl
> 350 ml Wasser
> ½ TL Salz

Die Karotten schälen und in sehr kleine Würfel schneiden. In einem Topf zuerst die Karottenwürfel und den Reis in wenig Olivenöl andünsten, mit dem Wasser ablöschen und das Salz beifügen. Bei milder Temperatur 15 bis 20 Minuten weich köcheln lassen.

Klassische Moussaka mit Hackfleisch

Für 4 Personen
Zubereitung: 50 Minuten
Backen: 40 Minuten

1 mittelgroße Aubergine (250 g)
Salz
400 g festkochende Kartoffeln
Olivenöl zum Anbraten
400 g Tomaten aus der Dose (Pelati)
2 Knoblauchzehen (siehe Hinweis auf Seite 46f.)
400 g gehacktes Rindfleisch
1 TL Zucker
1 Bund Basilikum
50 g Parmesan, gerieben

BÉCHAMELSAUCE
50 g Butter
50 g Maisstärke
500 ml laktosefreie Milch
Salz, Pfeffer aus der Mühle
frisch geriebene Muskatnuss

Die Aubergine in 5 mm dicke Scheiben schneiden. Leicht salzen und 15 Minuten ziehen lassen.

Inzwischen die Kartoffeln schälen und in 5 mm dicke Scheiben schneiden. In einer beschichteten Bratpfanne wenig Olivenöl erhitzen und die Kartoffelscheiben 5 bis 10 Minuten unter gelegentlichem Wenden anbraten. Salzen und herausnehmen.

Die Tomaten klein würfeln.

In der gleichen Bratpfanne wenig Olivenöl sanft erhitzen, die ganzen, geschälten Knoblauchzehen darin 1 bis 2 Minuten andünsten, herausnehmen und wegwerfen. Das Hackfleisch dazugeben und anbraten. Die Tomatenwürfel und den Zucker beifügen und mit Salz und Pfeffer würzen. Das Basilikum sehr fein schneiden und daruntermischen. 10 bis 15 Minuten köcheln lassen.

Für die Béchamelsauce die Butter in einem kleinen Topf schmelzen lassen, die Maisstärke dazugeben und mit einem Schneebesen gut verrühren. Die Milch unter ständigem Rühren dazugießen und bei milder Temperatur weiterrühren, bis die Sauce die gewünschte Konsistenz erreicht hat. Von der Herdplatte ziehen und mit Salz, Pfeffer und Muskatnuss würzen.

Eine große Gratinform (ca. 22 × 36 cm) mit Olivenöl einfetten. Die Auberginenscheiben mit Küchenpapier trocken tupfen und nebeneinander in die Form legen. Eine Schicht Hackfleisch darüber verteilen, danach die Kartoffelscheiben einschichten, Sauce darübergeben und nochmals eine Schicht Auberginen, Hackfleisch, Kartoffeln einschichten. Mit der restlichen Sauce abschließen und mit Parmesan bestreuen.

Im vorgeheizten Backofen bei 200 Grad etwa 40 Minuten backen. Gegen Ende der Backzeit mit Alufolie abdecken.

Beilage
Dazu passt ein gemischter Blattsalat.

Grünes Wokgemüse mit Tofu

Für 4 Personen
Zubereitung: 25–30 Minuten

1 Frühlingszwiebel, nur das Grün
ca. 1 EL fein gehackter Ingwer
200 g Brokkoli
200 g Pak Choi
200 g grüne Stangenbohnen, kurz blanchiert
 (siehe Hinweis)
wenig geröstetes Sesamöl oder Erdnussöl
3 EL Sojasauce
50 ml trockener Sherry oder Wasser
2 EL Sesamsamen
500 g geräucherter Tofu

Das Zwiebelgrün in feine Ringe schneiden. Den Ingwer fein hacken. Den Brokkoli in kleine Röschen zerteilen. Den Pak Choi in fingerbreite Streifen schneiden, die Stangenbohnen je nach Größe halbieren.

Wenig Öl in einem Wok oder einer hohen Bratpfanne erhitzen. Zwiebelgrün, Ingwer, Brokkoliröschen und Bohnen kurz darin andünsten, mit Sojasauce würzen und etwa 2 Minuten unter Rühren braten. Sherry oder Wasser beifügen. Den Pak Choi dazugeben und weiterrühren, bis das Gemüse knackig gar ist. Den Sesam darüberstreuen.

Den Tofu in kleine Würfel schneiden und sorgfältig daruntermischen. Sofort heiß servieren.

Beilage
Dazu passt Basmatireis.

Hinweis
Die Stangenbohnen wenige Minuten in kochendem, wenig gesalzenem Wasser oder im Dampfgarer blanchieren. Anschließend mit kaltem Wasser abschrecken oder kurz in Eiswasser legen. So behalten die Bohnen die intensiv grüne Farbe.

SÜSS, FRUCHTIG UND OFENFRISCH

DESSERTS, KUCHEN UND GEBÄCK

Vanillecreme mit exotischen Früchten

Für 4 Personen
Zubereitung: 25 Minuten
Erkalten lassen: 30 Minuten

VANILLECREME
500 ml laktosefreie Milch
3 EL Zucker
2 Eier
1 EL Maisstärke
1 Vanilleschote, aufgeschnitten, Mark ausgekratzt

1 Baby-Ananas
2 Kiwis
1 Papaya
einige Blättchen Zitronenmelisse zum Garnieren

Milch, Zucker, Eier und Maisstärke in einem Topf gut verrühren. Vanillemark samt Schote beifügen. Unter ständigem Rühren zum Kochen bringen. Kurz weiterrühren und, sobald die Creme andickt, in eine Schüssel gießen. Eine Klarsichtfolie direkt auf die Creme legen, damit sich keine Haut bildet. Erkalten lassen.

Die Ananas oben und unten kappen, großzügig schälen, vierteln und wenn nötig den harten Strunk wegschneiden. Das Fruchtfleisch in Würfelchen schneiden. Die Kiwis schälen, halbieren und in Stücke schneiden. Die Papaya halbieren, die schwarzen Kerne entfernen und das Fruchtfleisch mit einem Kugelausstecher herausstechen.

Die Fruchtstücke in Schälchen verteilen. Die Vanilleschote aus der Creme entfernen und die Creme über die Früchte geben. Mit Zitronenmelisseblättchen garnieren und sofort servieren.

Variante

Die exotischen Früchte durch einheimische Beeren ersetzen: 100 g Erdbeeren, 100 g Himbeeren und 200 g Heidelbeeren.

BLITZCREMES MIT MERINGUES

Beerencreme

Für 4 Personen
Zubereitung: 10 Minuten

>   250 g Heidelbeeren
>   100 g Himbeeren
>   100 g Erdbeeren
>   ca. 2 EL Zucker, je nach Reife und Süße der Beeren
>   1 TL Vanillezucker
>   2 EL Zitronensaft
>   250 ml laktosefreier Rahm
>   4 Meringue-Schalen (Baiser)
>   4 schöne Himbeeren
>   Pfefferminzblättchen zum Garnieren nach Belieben

Die Hälfte der Beeren mit Zucker, Vanillezucker und Zitronensaft in einem hohen Gefäß pürieren. Durch ein Sieb streichen. Den Rahm steif schlagen und unter das Fruchtpüree heben.

Die restlichen Beeren in vier kleine Dessertgläser verteilen. Die Meringues in kleine Stücke brechen und in die Gläser geben.

Die Creme darüber verteilen und nach Belieben mit Pfefferminzblättchen garnieren.

Marronicreme mit Himbeeren

Für 4 Personen
Zubereitung: 5–10 Minuten

>   250 g Marronipüree (süßes Kastanienpüree)
>   (siehe Hinweis)
>   200 g laktosefreier Quark
>   ca. 2–3 EL Zucker
>   4 Meringue-Schalen (Baiser)
>   120 g Himbeeren
>   2 EL Schokoladenspäne

Das Marronipüree und den Quark mit den Rührhaken des Handrührgeräts kurz zu einer geschmeidigen Creme verrühren. Nach Bedarf mit Zucker süßen.

Die Meringue-Schalen grob zerbröseln und in vier kleine Dessertschalen verteilen. Die Creme darübergeben, die Himbeeren darauf verteilen und mit Schokoladenspänen dekorieren.

Tipp
Nach Belieben die Creme mit wenig Amarettolikör aromatisieren.

Schokoladen-Variante
Statt der Schokoladenspäne zusätzlich 50 g dunkle Schokolade in einem kleinen Schüsselchen mit siedendem Wasser übergießen, 2 Minuten stehen lassen (nicht rühren!) und danach das Wasser abgießen. Die so geschmolzene Schokolade unter die Creme rühren.

Hinweis
Gesüßtes Kastanienpüree ist tiefgekühlt in Blöcken von 200–300 g erhältlich. Es eignet sich für verschiedene Dessertspeisen, Kuchen, Gebäck sowie als Vermicelles mit Meringues. Bei Bedarf das Kastanienpüree über Nacht im Kühlschrank auftauen lassen.

Express-Himbeer-Joghurt-Eis

Für 4 Personen
Zubereitung: 10 Minuten

250 g tiefgekühlte ungezuckerte Himbeeren
40 g Puderzucker
350 g laktosefreier Joghurt
einige Blätter Pfefferminze zur Dekoration

Die Himbeeren bei Zimmertemperatur 5 Minuten antauen lassen. In ein hohes Gefäß füllen und mit dem Stabmixer pürieren. Puderzucker und Joghurt daruntermischen. Mit einem Pfefferminzblatt dekorieren und sofort servieren.

Variante (FODMAP-arm)
Tiefgekühlte Heidelbeeren statt Himbeeren verwenden.

Beeren-Lutscher

Für 4 Stück
Zubereitung: 20 Minuten
Tiefkühlen: ca. 4 Stunden oder über Nacht
Zubehör: 4 Formen für Eis am Stiel (Glacestängel) von
  je ca. 100 ml Inhalt und 4 Kunststoff- oder Holzstiele

150 g Erdbeeren oder Himbeeren
70 g Zucker
200 ml laktosefreier Rahm
1 TL Zitronensaft

Erdbeeren entstielen und klein schneiden, Himbeeren pürieren und durch ein Sieb streichen; mit Zucker, Rahm und Zitronensaft pürieren.

Die Eisformen mit der Masse füllen und die Stiele hineinstecken. Im Tiefkühler etwa 4 Stunden gefrieren lassen. Vor dem Essen kurz antauen lassen und den Beerenlutscher vorsichtig aus den Förmchen ziehen.

Banana Split

Für 4 Personen
Zubereitung: 15 Minuten

2 Bananen
100 g dunkle Schokolade
  (mindestens 50 % Kakaoanteil)
8 kleine Kugeln laktosefreies Vanilleeis
  (oder selbst gemachtes Vanilleeis, siehe Seite 210)
geschlagener laktosefreier Rahm nach Belieben

Die Bananen schälen und in Scheiben schneiden. Die Schokolade in Stücke brechen und über einem Wasserbad (oder ganz kurz in der Mikrowelle) schmelzen lassen.

Je zwei Kugeln Vanilleeis in Dessertschalen geben. Die Bananenscheiben darüber verteilen und die heiße Schokolade darübergießen. Nach Belieben mit geschlagenem Rahm dekorieren.

Vanilleeis mit Kaffee-Amaretto

Für 4 Personen
Zubereitung: 40 Minuten
Kaltrühren bzw. Tiefkühlen: 20 Minuten in der
  elektrischen Eismaschine oder 4 Stunden
  im Tiefkühler

> 250 ml laktosefreier Rahm
> 250 ml laktosefreie Milch
> 100 g Zucker
> 2 frische Eier
> 2 Päckchen Vanillezucker
>
> KAFFEE-AMARETTO-SIRUP
> 200 ml Espresso
> 100 g Zucker
> 1 EL Amaretto-Likör

In einem Topf Rahm, Milch, Zucker, Eier und Vanillezucker kräftig verrühren und unter ständigem Rühren bei mittlerer Temperatur erhitzen, aber nicht zum Kochen bringen. Sobald die Masse bindet, den Topf vom Herd ziehen und etwa 2 Minuten weiterrühren. Die Creme durch ein Sieb in eine (Chromstahl-) Schüssel gießen, auskühlen lassen und zugedeckt etwa 2 Stunden in den Kühlschrank stellen.

Entweder in der Eismaschine 20 Minuten oder im Tiefkühler etwa 4 Stunden gefrieren lassen; dabei gelegentlich umrühren, damit sich weniger Eiskristalle bilden.

Den Espresso mit dem Zucker aufkochen und auf die Hälfte einkochen lassen. Auskühlen lassen und den Amaretto unterrühren.

Mit einem Eisportionierer kleine Kugeln Eis ausstechen und in Dessertgläser geben. Den Kaffee-Amaretto-Sirup darüberträufeln.

Tipp

Schneller geht es mit gekauftem, laktosefreiem Vanilleeis.

Vanilleflan mit marinierten Beeren

Für 4 ofenfeste Förmchen à ca. 150 ml
Zubereitung: 20 Minuten
Garen im Ofen: 1 Stunde

> VANILLEFLANS
> 400 ml laktosefreie Milch
> 1 Vanilleschote, Mark ausgekratzt
> 4 Eier
> 60 g Zucker
>
> 100 g Erdbeeren
> 200 g Heidelbeeren
> 100 g Himbeeren
> 2 EL Puderzucker
> 1–2 TL Zitronenlikör (z. B. Limoncello)
>   oder Zitronensaft

Die Milch in einen Topf gießen. Das Vanillemark samt Schote dazugeben. Kurz aufkochen, dann von der Herdplatte ziehen und etwa 10 Minuten stehen lassen. Die Vanilleschote entfernen.

Eier und Zucker in einer kleinen Schüssel kräftig verrühren und unter die Vanillemilch rühren.

Die Förmchen kalt ausspülen und in eine Gratinform stellen. Die Vanillemasse in die Förmchen füllen. So viel Wasser in die Gratinform gießen, dass die Förmchen bis etwa 1–2 cm unter dem Rand im Wasserbad stehen.

Im vorgeheizten Backofen bei 150 Grad gut 1 Stunde garen. Die Flans sind gar, wenn die Masse auf leichten Fingerdruck federnd nachgibt. Die Flans herausnehmen und auskühlen lassen. Dabei werden sie noch etwas fester.

Die Erdbeeren entstielen, je nach Größe vierteln und zusammen mit den Heidelbeeren, Himbeeren und dem Puderzucker sorgfältig vermengen. Den Zitronenlikör (oder Zitronensaft) darüberträufeln und marinieren lassen.

Zum Servieren den Förmchenrand der Flans lösen, vorsichtig auf Teller stürzen und mit den marinierten Beeren anrichten.

Schneller Schokoladenpudding

Für 8 Personen
Zubereitung: 15 Minuten
Auskühlen und Kühlstellen: 1–2 Stunden

70 g Maisstärke
750 ml laktosefreie Milch
70 g Zucker
1 TL Bourbon-Vanillezucker
150 g dunkle Schokolade (70 % Kakaoanteil)
laktosefreier geschlagener Rahm nach Belieben

Die Maisstärke mit etwa 200 ml Milch in einem Topf mit dem Schneebesen glatt rühren. Die restliche Milch dazugießen, Zucker und Vanillezucker beifügen und leicht erhitzen.

Die Schokolade in kleine Stücke brechen und dazugeben. Unter ständigem Rühren aufkochen, bis die Schokolade geschmolzen ist. Sobald die Creme andickt, nur noch kurz weiterrühren und sofort in eine kalt ausgespülte große Puddingform füllen. Auskühlen lassen und danach bis zum Servieren in den Kühlschrank stellen.

Zum Servieren den Rand des Puddings lösen und auf eine große Platte stürzen. Nach Belieben mit geschlagenem Rahm dekorieren.

Tipp

Für dieses Rezept eignen sich Silikonformen ausgezeichnet. Sie sind antihaftend, hitzebeständig und kälteresistent. Im Handel sind viele verschiedene Formen erhältlich. Man kann auch kleine Förmchen (Gugelhupf, Herzen, Muffins) verwenden.

Einfache Schokoladenmousse mit Himbeeren (ohne Ei)

Für 4 Personen
Zubereitung: 10–15 Minuten
Kühlstellen: mindestens 5 Stunden oder über Nacht

150 g dunkle Schokolade (70 % Kakaoanteil)
300 ml laktosefreier Vollrahm
100 g Himbeeren zur Dekoration

Die Schokolade klein hacken. Den Rahm in einem Topf erwärmen (nicht kochen). Den Topf von der Herdplatte ziehen. Die gehackte Schokolade hineingeben und rühren, bis sie geschmolzen ist. Auskühlen lassen und zugedeckt im Kühlschrank mindestens 5 Stunden oder besser über Nacht kühl stellen.

Kurz vor dem Servieren den Schokoladenrahm mit den Schneebesen des Handrührgeräts luftig steif schlagen.

Zum Servieren jeweils 2 Esslöffel Mousse auf Tellern anrichten und mit Himbeeren dekorieren.

Kaiserschmarrn
mit Rhabarberkompott

Für 4 Personen
Zubereitung: 25 Minuten
Teigruhe: 30 Minuten

TEIG
100 g Maismehl
½ TL abgeriebene Schale einer unbehandelten
  Zitrone
50 g Zucker
150 ml laktosefreie Milch
2 Eigelb
2 Eiweiß
1 Prise Salz

KOMPOTT
600 g Rhabarber, in 2 cm große Stücke geschnitten
  (siehe Hinweis)
2 EL Zucker
2 Päckchen Bourbon-Vanillezucker

wenig Bratbutter zum Ausbacken
Puderzucker zum Bestäuben

Für den Teig Mehl, Zitronenschale, Zucker, Milch und Eigelbe mit dem Schneebesen kräftig verrühren. Zugedeckt mindestens 30 Minuten stehen lassen, gelegentlich aufrühren.

Für das Kompott die Rhabarberstücke mit Zucker und Vanillezucker bei milder Temperatur etwa 5 Minuten köcheln lassen, bis Rhabarber knapp weich ist. Abkühlen lassen.

Das Eiweiß mit dem Salz zu Schnee schlagen und sorgfältig unter den nochmals aufgerührten Teig ziehen.

In einer großen beschichteten Bratpfanne wenig Bratbutter nicht zu stark erhitzen, den Teig hineingießen und bei mittlerer Temperatur langsam mit geschlossenem Pfannendeckel ausbacken. Vorsichtig wenden und fertig backen.

Den dicken Pfannkuchen in der Pfanne mit einer Bratschaufel in 3 bis 4 cm große Stücke zerteilen. Auf einer Platte anrichten, mit Puderzucker bestäuben und zum Rhabarberkompott servieren.

Variante
Nur 400 g Rhabarber und zusätzlich 200 g Erdbeeren verwenden.

Variante (FODMAP-reduziert)
Maismehl durch Dinkelmehl ersetzen.

Hinweis
Es gibt verschiedene Sorten Rhabarber: Der grüne Rhabarber ist relativ herb und ziemlich sauer. Der rote Rhabarber mit grünem Fleisch ist weniger herb und säuerlich. Der rotfleischige Rhabarber, auch Erdbeerrhabarber genannt, ist mild und muss nicht geschält werden. Roter Rhabarber und Erdbeerrhabarber eignen sich sehr gut für Kompott und Dessertspeisen.

Panna cotta an Kiwisauce

Für 4 Förmchen mit je 150 ml Inhalt
Zubereitung: 20 Minuten
Kühl stellen: 3 Stunden

PANNA COTTA
3 Blatt Gelatine
350 ml laktosefreier Rahm
150 ml Kokosmilch
3 EL Zucker
1 Päckchen Vanillezucker

2 genussreife Kiwis
1 TL frisch gepresster Zitronensaft
Zucker nach Bedarf, je nach Süße der Kiwis

Die Gelatineblätter in kaltem Wasser 5 Minuten einweichen.

Rahm, Kokosmilch, Zucker und Vanillezucker in einem Topf kurz aufkochen und danach bei mittlerer Temperatur etwa 2 Minuten köcheln lassen. Etwa 50 ml davon in einen kleinen Becher geben. Die gut ausgedrückten Gelatineblätter dazugeben und kräftig rühren, bis sie sich aufgelöst haben. Danach alles unter die heiße Rahm-Kokos-Flüssigkeit rühren (die Flüssigkeit darf nicht mehr kochen!). Die Masse in kleine Weckgläschen gießen. Etwa 3 Stunden kühl stellen und fest werden lassen.

Die Kiwis halbieren, das Fruchtfleisch mit einem kleinen Löffel herauslöffeln und zusammen mit dem Zitronensaft pürieren. Nach Bedarf mit wenig Zucker süßen. Das Fruchtpüree erst kurz vor dem Servieren auf die fest gewordene Panna cotta geben.

Varianten
Zur Panna cotta passt auch eine Himbeer-, Heidelbeer- oder Erdbeersauce. Die Beeren (100 g) klein schneiden und pürieren.

Variante mit Agar-Agar
Statt Gelatine kann man das pflanzliche Geliermittel Agar-Agar verwenden. Die Gelierfähigkeit ist jedoch je nach verwendetem Produkt unterschiedlich, deshalb die Packungsanweisung beachten. Agar-Agar-Pulver direkt in die Rahmflüssigkeit einrühren und aufkochen, die Temperatur zurückschalten und etwa 2 bis 3 Minuten unter ständigem Rühren köcheln lassen. Agar-Agar geliert erst beim Auskühlen.

Milchreis mit Erdbeeren

Für 4 Personen
Zubereitung: 30 Minuten

600 ml laktosefreie Milch
400 ml Wasser
200 g Reis (z. B. Camolino, Arborio; siehe Hinweis)
3 EL Zucker
2 Päckchen Bourbon-Vanillezucker

250 g Erdbeeren
1 EL Zucker nach Bedarf

Milch, Wasser und Reis in einen Topf geben und aufkochen. Die Temperatur sofort zurückschalten und den Milchreis bei milder Temperatur offen (ohne Deckel) etwa 20 bis 25 Minuten zu einem dicken, aber noch feuchten Brei köcheln lassen, dabei häufig rühren. Gegen Ende der Kochzeit den Zucker und den Vanillezucker unterrühren. Falls der Reisbrei zu dick wird, mehr Milch oder Wasser einrühren.

In der Zwischenzeit die Beeren kurz unter Wasser abbrausen. Die Erdbeeren entstielen und in kleine Würfel schneiden. Die Hälfte davon pürieren. Die gewürfelten Erdbeeren daruntermischen und nach Bedarf süßen. Am Schluss unter den Milchreis mischen.

Tipps
– Die pürierten Erdbeeren durch Himbeeren ersetzen.
– Wenn keine frischen Beeren erhältlich sind, tiefgekühlte, ungezuckerte und aufgetaute Beeren verwenden.
– Beeren und Vanillezucker weglassen und nur Zimtzucker (Zucker mit Zimtpulver vermischt) zum Milchreis reichen.
– Statt Beeren passt auch ein Rhabarberkompott (siehe Seite 212).

Hinweis
Für Milchreis eignen sich spezielle Reissorten, wie Camolino oder Arborio, mit weißen, runden Reiskörnern. Den Reis vor dem Kochen nicht waschen und beim Köcheln auf milder Temperatur immer wieder rühren, so wird er schön cremig. Sobald die Konsistenz zu fest wird, mehr Flüssigkeit einrühren.

Heidelbeer-Muffins

Ergibt 12 Stück
Zubereitung: 15 Minuten
Backen: 25–30 Minuten
Für ein Muffinblech mit 12 Vertiefungen

> 150 g Dinkelmehl
> 2 TL Backpulver
> 150 g Zucker
> 3 Eier
> 75 ml Rapsöl (möglichst geschmacksneutral)
> 150 g Heidelbeeren
> Puderzucker zum Bestäuben

Mehl, Backpulver und Zucker mischen und in der Mitte eine Mulde formen. Eier und Öl in die Mulde geben, nach und nach mit dem Mehl zu einem dicken Teig rühren. Die Heidelbeeren daruntermischen.

In die Vertiefungen eines Muffinblechs Papierförmchen setzen. Die Masse in die Förmchen füllen und im vorgeheizten Backofen bei 180 Grad etwa 25 bis 30 Minuten backen. Gegen Backende mit einem Holzstäbchen eine Garprobe machen: Das Holzstäbchen in der Mitte bzw. an der dicksten Stelle einstechen. Wenn es beim Herausziehen sauber bleibt bzw. der Teig in kleinen Krümeln am Stäbchen haftet, ist er fertig gebacken.

Die Muffins auskühlen lassen und mit Puderzucker bestäuben.

Variante Erdbeer-Muffins (FODMAP-arm)
Heidelbeeren durch 200 g Erdbeeren ersetzen. Diese sehr klein würfeln und unter den Teig mischen. Statt Puderzucker zu verwenden, die Erdbeer-Muffins mit leicht erwärmter Erdbeerkonfitüre bestreichen.

Orangen-Maismuffins

Ergibt 12 Stück
Zubereitung: 25 Minuten
Backen: 30 Minuten
Für ein Muffinblech mit 12 Vertiefungen

100 g feiner Maisgrieß (Polenta)
100 ml Orangensaft
80 g weiche Butter
80 g Zucker
2 Eigelb
125 g Orangenmarmelade (siehe Produkthinweis)
50 ml laktosefreier Rahm
130 g Maismehl
1 EL Backpulver
2 Eiweiß
1 Prise Salz

GUSS
100 ml Orangensaft
100 g Puderzucker

Den Maisgrieß in eine kleine Schüssel geben und mit Orangensaft übergießen und 5 bis 10 Minuten quellen lassen.

Inzwischen in einer zweiten großen Schüssel Butter und Zucker mit den Rührhaken des Handrührgeräts gut verrühren. Die Eigelbe beifügen und so lange weiter rühren, bis die Masse schön hell und cremig ist. Den eingeweichten Maisgrieß, die Orangenmarmelade und den Rahm dazugeben und gut vermengen. Das Maismehl und das Backpulver darunterrühren.

Das Eiweiß mit dem Salz steif schlagen und den Eischnee locker unter den Teig ziehen.

In die Vertiefungen eines Muffinblechs Papierförmchen setzen. Den Teig in die Förmchen verteilen und im vorgeheizten Backofen bei 180 Grad etwa 30 Minuten backen.

Für den Guss Orangensaft und Puderzucker gut verrühren und die noch heißen Muffins mehrmals übergießen. Auskühlen lassen.

Tipp
Für kleine Muffins 12 Papierförmchen mit Teig füllen. Für große Muffins den Teig in 6 Förmchen verteilen. Die Backzeit entsprechend anpassen.

Produkthinweis
Im Handel gibt es süße Orangenmarmelade oder Bitterorangenmarmelade. Für dieses Rezept eignen sich beide Marmeladensorten.

Biskuitroulade (Grundrezept)

Ergibt ca. 12 Portionenstücke
Zubereitung: 15–20 Minuten
Backen: 8–10 Minuten

4 Eigelb
120 g Zucker
2 EL warmes Wasser
4 Eiweiß
1 Prise Salz
2 EL Zucker
80 g Dinkelmehl

Tipp Schokoladenbiskuit
Zusätzlich 2 bis 3 Esslöffel Schokoladenpulver unter das Mehl mischen.

Variante
Dinkelmehl durch Maisstärke ersetzen.

Eigelbe, Zucker und Wasser in einer Schüssel mit den Rührhaken des Handrührgeräts so lange rühren, bis die Masse hell und schaumig ist.

Das Eiweiß mit dem Salz steif schlagen, den Zucker dazugeben und weiterrühren, bis der Eischnee glänzt. Das Mehl abwechselnd mit dem Eischnee zur Eigelbmasse geben, sorgfältig darunterziehen.

Ein großes Backblech leicht einfetten und mit Backpapier belegen, sodass das Papier gut haften bleibt. Die Masse gleichmäßig (!) darauf verstreichen und im vorgeheizten Backofen bei 220 Grad etwa 8 bis 10 Minuten backen.

Das Biskuit sofort auf ein zweites Backpapier stürzen, mit einem nassen Geschirrtuch über das nun oben liegende Backpapier streichen und dieses sorgfältig abziehen. Das Biskuit mit dem umgedrehten noch heißen Blech zudecken und auskühlen lassen. So bleibt das Biskuit schön weich und lässt sich besser aufrollen.

Die Ränder des gebackenen und vollständig ausgekühlten Biskuits gerade schneiden. Die gewünschte Füllung (siehe Seite 223) darauf verstreichen, dabei an allen Seiten einen Rand von 2 cm frei lassen. Das Biskuit sorgfältig von der langen Seite her aufrollen.

Die Biskuitrolle kühl stellen und vor dem Servieren nach Belieben mit Puderzucker bestäuben.

VERSCHIEDENE FÜLLUNGEN

Beerenfüllung

300 ml laktosefreier Rahm
1 Päckchen Rahmhalter (Sahnesteif)
2 EL Zucker
250 g Erdbeeren (sehr klein gewürfelt)
  oder Himbeeren

Rahm, Rahmhalter und Zucker gut steif schlagen. Gleichmäßig auf dem Biskuit verstreichen. Die Beeren darauf verteilen und das Biskuit sorgfältig aufrollen. Kühl stellen.

Vor dem Servieren mit Puderzucker bestäuben und mit Beeren dekorieren.

Zitronen-Quark-Füllung

300 g laktosefreier Quark
1 unbehandelte Zitrone, abgeriebene Schale und Saft
75 g Zucker
2 Päckchen Vanillezucker
100 ml laktosefreier Rahm
1 Päckchen Rahmhalter (Sahnesteif)

Quark, abgeriebene Zitronenschale, Zitronensaft, Zucker und Vanillezucker verrühren. Den Rahm zusammen mit dem Rahmhalter steif schlagen und unter den Quark ziehen. Die Masse gleichmäßig auf dem Biskuit verstreichen, sorgfältig aufrollen und bis zum Servieren kühl stellen.

Vermicelles-Füllung
(Kastanienfüllung)

200 g laktosefreier Mascarpone
160 g laktosefreier Quark
40 g Zucker
1 unbehandelte Orange, abgeriebene Schale
3 EL Amaretto-Likör nach Belieben
200 g Marronipüree (süßes Kastanienpüree),
  aufgetaut
3 EL Kakaopulver zum Bestäuben

Mascarpone, Quark, Zucker, Orangenschale und Amaretto in einer Schüssel gut verrühren. Das Marronipüree mit einer Gabel fein zerdrücken und darunterrühren. Die Masse gleichmäßig auf dem Biskuit verstreichen, sorgfältig aufrollen und kühl stellen.

Vor dem Servieren die Roulade mit Kakaopulver bestäuben.

Basler Schokoladenkuchen

Für eine Springform von 26 cm Durchmesser
Zubereitung: 25 Minuten
Backen: 35 Minuten

125 g dunkle Schokolade (70 % Kakaoanteil)
70 g weiche Butter
125 g Zucker
5 große Eigelb
125 g geriebene Haselnüsse
½ unbehandelte Zitrone, abgeriebene Schale
2 TL Bourbon-Vanillezucker
1 TL Backpulver
5 große Eiweiß
1 Prise Salz

Die Schokolade in kleine Stücke brechen und über einem Wasserbad schmelzen, danach leicht abkühlen lassen (siehe Tipps und Tricks).

Butter, Zucker und Eigelbe in einer Schüssel mit den Rührhaken des Handrührgeräts einige Minuten rühren, bis eine helle, cremige Masse entsteht. Haselnüsse, Zitronenschale, Vanillezucker und Backpulver darunterrühren.

Das Eiweiß mit dem Salz steif schlagen und den Eischnee locker unter die Masse ziehen. Die flüssige Schokolade sorgfältig daruntermischen.

Die Springform leicht einfetten, sodass das Papier gut haften bleibt, Boden und Rand mit Backpapier auslegen. Den Teig in die Form füllen und im vorgeheizten Backofen bei 180 Grad etwa 35 Minuten backen.

Tipps und Tricks

– Zum Schmelzen über einem Wasserbad einen kleinen Topf knapp zur Hälfte mit Wasser füllen, bis kurz vor dem Siedepunkt aufkochen. Eine etwas größere Schüssel mit den Schokoladenstücken auf den Topf stellen, ohne dass die Schüssel das Wasser berührt. Das Wasser sollte sieden, nicht kochen.

– Kleine Schokoladenmengen kann man auch ganz einfach mit leicht siedendem Wasser übergießen, dabei nicht rühren. Sobald die Schokolade weich ist, das Wasser vorsichtig wieder abgießen.

– Der Eischnee sollte nicht zu fest sein. Beim Herausziehen der Rührhaken sollten sich die Spitzen des Eischnees noch biegen. Zu fester Eischnee lässt sich nicht mehr locker und geschmeidig unter die Teigmasse ziehen.

– Eischnee immer locker mit einem Gummischaber unter die Masse ziehen. Keinesfalls rühren. Der Eischnee gibt dem Kuchen sein »Gerüst« und lässt ihn gut aufgehen.

– Mit Folie zugedeckt, bleibt dieser feine Kuchen einige Tage frisch und schön feucht.

Schokoladen-Himbeer-Küchlein

Ergibt 8 Stück
Zubereitung: 20 Minuten
Backen: 20 Minuten
Für ein Muffinblech mit 8 Vertiefungen

85 g dunkle Schokolade (70 % Kakaoanteil)
85 g Butter
85 g Zucker
2 Eier
85 g geriebene Haselnüsse
50 g Maisstärke
1 Prise Salz
1 TL Backpulver
100 g Himbeeren
Puderzucker zum Bestäuben

Die Schokolade in kleine Stücke brechen und mit der Butter in einer kleinen Schüssel über einem Wasserbad schmelzen.

Inzwischen den Zucker und die Eier in einer Schüssel mit den Rührhaken des Handrührgeräts sehr gründlich rühren, bis die Masse hell und schaumig ist. Die geschmolzene Schokolade-Butter-Masse kurz verrühren und zusammen mit Haselnüssen, Maisstärke, Salz und Backpulver darunterrühren.

In die Vertiefungen eines Muffinblechs Papierförmchen setzen. Die Förmchen zur Hälfte mit dem Teig füllen, jeweils 3 bis 4 Himbeeren daraufsetzen und mit dem restlichen Teig bedecken.

In der Mitte des vorgeheizten Backofens bei 180 Grad knapp 20 Minuten backen. Auskühlen lassen und mit Puderzucker bestäuben.

Tipps

– Man kann die Himbeeren auch sehr sorgfältig direkt unter den Teig mischen.
– Auch tiefgekühlte, ungezuckerte Himbeeren eignen sich. Die Beeren vorher leicht antauen lassen.
– Statt in Papierförmchen kann man die Himbeer-Küchlein in kleinen Einmachgläsern (Weckgläsern) backen. Die Gläser gut mit Butter einfetten.

Brownies

Ergibt 16 Stück
Zubereitung: 15–20 Minuten
Backen: 20 Minuten
Für eine Springform von 24 × 24 cm

> 200 g dunkle Schokolade (70 % Kakaoanteil)
> 100 g Butter
> 3 Eier
> 175 g Zucker
> 1 Päckchen Bourbon-Vanillezucker
> ½ TL Salz
> 150 g Pekannusskerne
> 180 g Dinkelmehl
> 1 TL Backpulver

Die Schokolade und die Butter in einer Schüssel über einem Wasserbad schmelzen, glatt rühren und leicht abkühlen lassen.

Inzwischen Eier, Zucker, Vanillezucker und Salz in einer Schüssel mit den Rührhaken des Handrührgeräts gründlich rühren, bis die Masse hell und schaumig ist. Die flüssige Schokolade-Butter-Masse unterrühren. Die Nüsse grob hacken und mit Mehl sowie Backpulver daruntermischen.

Die Springform mit Backpapier auslegen, die Masse einfüllen und glatt streichen. Im vorgeheizten Backofen bei 180 Grad knapp 20 Minuten backen. Auskühlen lassen und in 6 × 6 cm große Stücke schneiden.

Tipp
Nicht zu lange backen, vor Backende mit einem Holzstäbchen eine Garprobe machen (siehe Seite 218). Brownies dürfen innen ruhig noch feucht sein.

Peanut-Cookies

Ergibt ca. 40 Stück
Zubereitung: 25 Minuten
Backen: 12 Minuten

> 100 g Vollrohrzucker oder Rohzucker
> 1 Ei
> 1 TL Bourbon-Vanillezucker
> 1 Prise Salz
> 150 g Erdnussbutter
> 80 g weiche Butter
> 200 g Dinkelmehl
> 2 TL Backpulver
> 100 g Sesamsamen

Zucker, Ei, Vanillezucker und Salz in einer Schüssel mit den Rührhaken des Handrührgeräts ausgiebig rühren, bis eine helle, cremige Masse entsteht. Die Erdnussbutter und die Butter darunterrühren.

Mehl und Backpulver vermischen und zur Erdnussmasse geben. Alles zu einem glatten Teig vermengen.

Aus der Teigmasse etwa 40 gleich große Kugeln formen. Die Sesamsamen in einen Suppenteller geben. Die Erdnusskugeln nacheinander in die Sesamsamen geben und leicht flach drücken. Auf ein mit Backpapier belegtes großes Blech setzen.

In der Mitte des vorgeheizten Backofens bei 180 Grad etwa 12 Minuten backen.

Variante
Zusätzlich 50 g dunkle Schokolade (70 % Kakaoanteil) klein würfeln und unter den Teig mischen.

Tipp
Die Peanut-Cookies sind in einer gut verschlossenen Dose 1 bis 2 Wochen haltbar.

Bananen-Schokoladen-Cake mit Nüssen

Für eine Cakeform von 25 cm Länge
Zubereitung: 35 Minuten
Backen: 45 Minuten

120 g weiche Butter
1 Prise Salz
200 g Zucker
2 Eier (Zimmertemperatur)
2 Bananen
100 g dunkle Schokolade (70 % Kakaoanteil)
80 g Baumnüsse (Walnusskerne)
160 g Dinkelmehl
40 g Maisstärke
2 TL Backpulver
Puderzucker zum Bestäuben

Butter, Salz und Zucker in einer Schüssel mit den Rührhaken des Handrührgeräts cremig rühren. Die Eier nacheinander unter ständigem Rühren beifügen und so lange rühren, bis die Masse schaumig und hell ist.

Die Bananen schälen und mit einer Gabel fein zerdrücken. Die Schokolade fein hacken. Die Nüsse grob hacken, in einer Pfanne ohne Fettzugabe leicht rösten und anschließend auskühlen lassen.

Bananenmus, Nüsse und Schokolade unter die Masse rühren. Mehl, Maisstärke und Backpulver daruntermischen.

Die Cakeform mit Backpapier auslegen, die Teigmasse einfüllen und glatt streichen. Im vorgeheizten Backofen bei 180 Grad etwa 45 Minuten backen. Gegen Ende der Backzeit mit einem Holzstäbchen eine Garprobe machen (siehe Seite 218).

Nach dem Backen den Cake kurz stehen lassen, dann mit dem Papier herausheben und auf einem Gitter vollständig auskühlen lassen. Vor dem Servieren mit Puderzucker bestäuben.

Tipp
Baumnüsse (Walnusskerne) durch Pekannüsse ersetzen.

Variante mit Schokoladenüberzug
Die Schokoladenstückchen im Teig weglassen, dafür einen Beutel Schokoladen-Kuchenglasur nach Packungsanweisung schmelzen und über den vollständig ausgekühlten Cake gießen. Zur Dekoration einige Baumnüsse (Walnusskerne) in den flüssigen Guss legen und auskühlen lassen.

Variante Muffins
9 Papierförmchen in die Vertiefungen eines Muffinblechs setzen. Die Zutatenmenge halbieren. Den Teig in die Papierförmchen verteilen und bei 180 Grad etwa 20 Minuten backen.

Kastanien-Schokoladen-Cake

Ergibt 15 Stück
Für eine Cakeform von 30 cm Länge
Zubereitung: 25 Minuten
Backen: 45 Minuten

100 g dunkle Schokolade (70 % Kakaoanteil)
100 g weiche Butter
125 g Zucker
4 Eigelb
200 g Marronipüree (süßes Kastanienpüree)
125 g geriebene Haselnüsse
1 TL Backpulver
4 Eiweiß
1 Prise Salz
Puderzucker zum Bestäuben

Die Schokolade halbieren und in einen Suppenteller geben. Mit sehr heißem Wasser übergießen – nicht rühren, die Schokolade soll knapp mit Wasser bedeckt sein. Etwa 1 Minute stehen lassen und danach das Wasser vorsichtig abgießen. Die so geschmolzene Schokolade verrühren (siehe Hinweis).

Die Butter und den Zucker in einer Schüssel mit dem Handrührgerät gut verrühren. Unter ständigem Rühren die Eigelbe nacheinander beifügen und gründlich rühren, bis eine helle, cremige Masse entstanden ist. Die geschmolzene Schokolade, Marronipüree, Haselnüsse und Backpulver darunterrühren.

Das Eiweiß mit dem Salz steif schlagen und sorgfältig unter die Teigmasse ziehen.

Die Cakeform leicht einfetten und mit Backpapier auslegen. Den Teig einfüllen, glatt streichen und im vorgeheizten Backofen bei 180 Grad etwa 45 Minuten backen. Gegen Ende der Backzeit mit einem Holzstäbchen eine Garprobe machen (siehe Seite 218).

Auskühlen lassen und vor dem Servieren mit Puderzucker bestäuben.

Tipp
Ein köstlicher Cake ganz ohne Mehl, der lange frisch und feucht bleibt.

Hinweis
Man kann die Schokolade auch über dem Wasserbad schmelzen lassen (siehe Seite 226).

Einfacher Ananascake

Für eine Cakeform von 24 cm Länge
Zubereitung: 25 Minuten
Backen: 35–40 Minuten

- 120 g weiche Butter
- 120 g Zucker
- 3 Eier (Zimmertemperatur)
- 120 g Dinkelmehl
- 1 TL Backpulver
- 1 Päckchen Bourbon-Vanillezucker
- 1 Prise Salz
- 1 Bund Pfefferminze oder Zitronenmelisse
- 150 g frische Ananasstücke
- Butter für die Form
- Puderzucker zum Bestäuben

Butter und Zucker in einer Schüssel mit den Rührhaken des Handrührgeräts geschmeidig rühren. Die Eier unter ständigem Rühren dazugeben, bis die Masse hell und schön cremig wird. Mehl, Backpulver, Vanillezucker und Salz darunterrühren. Die Pfefferminz- oder Zitronenmelisseblätter sehr fein schneiden. Die Ananasstücke sehr klein würfeln und zusammen mit den fein geschnittenen Kräutern unter den Teig mischen.

Die Cakeform mit Butter nur leicht einfetten und mit Backpapier auslegen, so bleibt das Papier gut haften. Die Masse in die Form geben und glatt streichen.

Im vorgeheizten Backofen bei 180 Grad etwa 35 bis 40 Minuten backen. Den Cake aus der Form nehmen und vollständig auskühlen lassen. Vor dem Servieren mit Puderzucker bestäuben.

Tipp

Frische, geschälte und ungezuckerte Ananas gibt es im Kühlregal im Lebensmittelgeschäft oder Supermarkt. Alternativ ungezuckerte Ananasscheiben aus der Dose (im eigenen Saft, ohne Fruchtzucker) verwenden.

Kartoffelkuchen mit Orange

Für eine Springform von 22–24 cm Durchmesser
Zubereitung: 25 Minuten
Backen: 50 Minuten

4 Eigelb
175 g Zucker
200 g in der Schale gekochte mehligkochende
  Kartoffeln vom Vortag
150 g geriebene Haselnüsse
50 g grob gehackte Baumnüsse (Walnusskerne)
  oder Pekannüsse
2 unbehandelte Orangen, abgeriebene Schale
  und Saft
4 Eiweiß
1 Prise Salz
Butter für die Form
Puderzucker zum Bestäuben

Eigelbe und Zucker in einer Schüssel mit den Rührhaken des Handrührgeräts gründlich rühren, bis die
Masse hell und schaumig ist. Die Kartoffeln schälen
und fein dazureiben. Haselnüsse, Baum- oder Pekannüsse, Orangenschale und -saft darunterrühren.

Das Eiweiß mit dem Salz steif schlagen und locker
unter den Teig ziehen.

Die Springform leicht mit Butter einfetten und mit
Backpapier auslegen, so bleibt das Papier gut haften.

Die Masse in die Form füllen und in der unteren
Hälfte des vorgeheizten Backofens bei 180 Grad etwa
50 Minuten backen. Auskühlen lassen und aus der Form
lösen. Nach Belieben mit Puderzucker bestäuben.

Tipps

– Man kann die Kartoffeln auch frisch kochen und
  sofort weiterverwenden. In diesem Fall weniger
  Orangensaft nehmen, da frisch gekochte Kartoffeln noch mehr Wasser enthalten.
– In Folie verpackt, hält sich dieser Kuchen 1 Woche
  im Kühlschrank frisch. Er schmeckt nach einigen
  Tagen sogar noch besser.

Variante

Kartoffeln durch Zucchini ersetzen und zusätzlich
100 g gewürfelte dunkle Schokolade daruntermischen.
Eine köstliche Abwandlung dieses mehlfreien Klassi-
kers!

Rhabarberkuchen

Für eine Springform von 26 cm Durchmesser
Zubereitung: 25 Minuten
Backen: 35 Minuten

100 g weiche Butter
180 g Zucker
2 TL Vanillezucker
3 Eigelb
180 g Maismehl
1½ TL Backpulver
3 Eiweiß
1 Prise Salz
400 g Rhabarber
Butter für die Form
Puderzucker zum Bestäuben

Tipp
Auch tiefgekühlter Rhabarber eignet sich für diesen Kuchen.

Variante (FODMAP-reduziert)
Maismehl durch Dinkelmehl ersetzen.

Butter, Zucker und Vanillezucker in einer Schüssel mit dem Handrührgerät gut cremig rühren, bis der Zucker sich aufgelöst hat. Die Eigelbe nacheinander unter ständigem Rühren beifügen. Mehl und Backpulver darunterrühren. Das Eiweiß mit dem Salz steif schlagen und locker unter den Teig ziehen.

Die Springform mit Butter leicht einfetten und mit Backpapier belegen, sodass das Papier gut haften bleibt. Den Teig einfüllen und glatt streichen.

Den Rhabarber schälen oder bei zarten Stängeln nur die groben Fäden mit einem Messer abziehen. Den Rhabarber in fingerbreite Stücke schneiden und dicht nebeneinander leicht in den Teig drücken. Im vorgeheizten Backofen bei 180 Grad etwa 35 Minuten backen. Gegen Ende der Backzeit mit einem Holzstäbchen eine Garprobe machen (siehe Seite 218).

Auskühlen lassen und zum Servieren mit Puderzucker bestäuben.

Haselnuss-Schokoladen-Amaretti

Ergibt ca. 18 Stück
Zubereitung: 25 Minuten
Backen: 12 Minuten

>   2 Eiweiß
>   1 Prise Salz
>   100 g Zucker
>   1 TL Bourbon-Vanillezucker
>   ca. 6 Tropfen Bittermandelöl
>   80 g dunkle Schokolade (70 % Kakaoanteil)
>   220 g geriebene Haselnüsse
>   2 EL Puderzucker zum Bestäuben

Das Eiweiß mit dem Salz nicht ganz steif schlagen, den Zucker unter Rühren langsam beifügen und weiterrühren, bis der Eischnee glänzt. Vanillezucker und Bittermandelöl dazugeben und kurz darunterrühren.

Die Schokolade klein hacken und zusammen mit den Haselnüssen sorgfältig unter den Eischnee heben. Die Masse etwa 10 bis 15 Minuten stehen lassen.

Zwei große Backbleche mit Backpapier belegen. Mit zwei Teelöffeln kleine Häufchen (ca. 3 cm Durchmesser) mit genügend Abstand aufs Backpapier setzen.

Im vorgeheizten Backofen bei 150 Grad etwa 10 Minuten backen. Herausnehmen und noch warm mit den Fingern zu typischen Amaretti formen, das heißt diagonal zusammendrücken. Auf einem Gitter auskühlen lassen und mit Puderzucker bestäuben.

Variante
Das Bittermandelöl weglassen und 1 bis 2 Teelöffel Haselnussöl unter die Teigmasse mischen. Ergibt ein feines, delikates Nussaroma.

Tipp
Die Amaretti in einer Dose aufbewahren. So halten sie sich bis 2 Wochen frisch.

Rüeblitorte (Karottentorte)

Ergibt 12 Stück
Für eine Springform von 24–26 cm Durchmesser
Zubereitung: 35 Minuten
Backen: 45 Minuten

5 Eigelb
220 g Zucker
250 g Karotten
250 g geriebene Haselnüsse
70 g Maisstärke
1½ TL Backpulver
1 unbehandelte Zitrone, abgeriebene Schale
   und 50 ml Saft
5 Eiweiß
1 Prise Salz

GUSS
200 g Puderzucker
3 EL Zitronensaft

Tipp
Ein beliebter Kuchen, der ohne Mehl auskommt und lange frisch und saftig bleibt.

Eigelbe und Zucker in einer Schüssel mit den Rührhaken des Handrührgeräts 5 Minuten schaumig rühren.

Die Karotten schälen und fein dazureiben. Haselnüsse, Maisstärke, Backpulver, Zitronenschale und -saft dazugeben und alles verrühren. Das Eiweiß mit dem Salz steif schlagen und den Eischnee locker unter die Masse ziehen.

Die Springform mit Backpapier auslegen und den Teig einfüllen. Im vorgeheizten Backofen bei 180 Grad etwa 45 Minuten backen. In der Form auskühlen lassen.

Für den Guss Puderzucker und Zitronensaft gut verrühren, über den Kuchen gießen und mit einem Kuchenspachtel gleichmäßig verstreichen.

ANHANG

Lebensmitteltabelle

In dieser Tabelle sind die Lebensmittel entsprechend ihrem FODMAP-Gehalt eingeteilt. Lebensmittel in der grünen Spalte sind FODMAP-arm, jene in der orangefarbenen Spalte FODMAP-reduziert und jene in der roten Spalte FODMAP-reich.

– In der **Eliminationsphase:** Wählen Sie nur Lebensmittel mit geringem Gehalt, allenfalls kleine Mengen mit mittlerem Gehalt an FODMAPs.

– In der **Toleranzfindungsphase:** Testen Sie Ihre tolerierbare Menge der Lebensmittel mit mittlerem und hohem Gehalt an FODMAPs aus.

– Wenn Sie ein Lebensmittel essen möchten, das nicht auf der Liste zu finden ist, lassen Sie es in der Eliminationsphase weg und probieren Sie es dann in der Toleranzfindungsphase aus.

– Da laufend weitere Lebensmittel analysiert und neue Erkenntnisse zum FODMAP-Gehalt gewonnen werden, ist dies keine abschließende Liste, und es kann darin Änderungen geben. Die aktuellsten Daten finden Sie im LOW FODMAP Diet App (siehe Anhang, Adressen, Seite 250).

Lebensmittel	Geringer FODMAP-Gehalt	Mittlerer FODMAP-Gehalt	Hoher FODMAP-Gehalt
Gemüse	Alfalfasprossen	Fenchel	Artischocke
	Artischockenherz aus der Dose	Kohl, weiß	Avocado
	Aubergine	Kürbis (Sorte Butternuss)	Blumenkohl
	Austernpilze	Lauch, grüner Teil	Champignon, frisch
	Bambussprossen	Okraschote	Cherrytomaten
	Blattsalat (Eisberg, Lollo, Endivie, Kopfsalat u.a.)	Pak Choi	Erbsen
	Bohnen, grün	Rosenkohl	Kefen (Zuckerschoten)
	Brokkoli	Steckrübe	Lauch, weißer Teil
	Champignon, konserviert in der Dose	Tomate	Peperoni (Paprika), rot
	Chicorée (Brüsseler)	Zucchini	Rande (Rote Bete)
	Chinakohl		Sauerkraut
	Edamame, TK oder Dose		Shiitake Pilz
	Federkohl		Spargel
	Gurke		Stangensellerie
	Karotte		Steinpilz
	Knollensellerie		Süßmais (Maiskolben), frisch
	Kochbanane		Topinambur
	Kohl, rot		Wirz (Wirsing)
	Kohlrabi		
	Krautstiel		
	Kürbis (Sorten Hokkaido, Patisson, Spaghetti)		
	Maiskölbchen, eingelegt		
	Mangold		
	Mungobohnensprossen		

Lebensmittel	Geringer FODMAP-Gehalt	Mittlerer FODMAP-Gehalt	Hoher FODMAP-Gehalt
	Pastinake Peperoni (Paprika), grün Radicchio Radieschen Rucola Seetangblätter (Nori) Sojasprossen Spinat Süßmais aus der Dose		
Früchte	Ananas, frisch Banane (gelb, fest) Clementine Drachenfrucht Heidelbeere Kaktusfeige Kiwi, grün und gold Kumquat Limette/Limettensaft Mandarine Melone (Sorte Cantaloupe) Orange Papaya Rhabarber Sternfrucht Zitrone/Zitronensaft	Banane, getrocknet Cranberrys, getrocknet Erdbeere Granatapfel Grapefruit Himbeere Kaki Melone (Sorte Honigmelone) Passionsfrucht Rosinen	Ananas, getrocknet Apfel Aprikose Banane (gesprenkelt, weich) Birne Brombeere Dattel Feige Gojibeeren, getrocknet Kirsche Litschi Mango Nektarine Papaya, getrocknet Pfirsich Pflaume Rambutan Traube Wassermelone Zwetschge

Milch,
Milchprodukte
	Laktosefreie Produkte wie
	    z. B. Milch, Joghurt, Quark
	
	Feta
	
	Halbhartkäse/Schnittkäse wie
	    Appenzeller, Gouda,
	    Tilsiter
	Hartkäse wie Parmesan,
	    Greyerzer
	Weichkäse wie Camembert
		Rahm (Sahne)
		
		Frischkäse
		Mascarpone
		Mozzarella
			Buttermilch
			Milch
			Milchpulver
			Molke
			Molkenpulver
			
			Joghurt
			
			Quark
			Ziger/Zieger (Frisch-,
			    Molkekäse)

Milchersatz	Hanfdrink Mandeldrink Reisdrink Sojadrink (aus Sojaprotein)	Kokosmilch	Haferdrink Sojadrink (aus ganzen Sojabohnen)

Lebensmittel	Geringer FODMAP-Gehalt	Mittlerer FODMAP-Gehalt	Hoher FODMAP-Gehalt
Fleisch, Fleischwaren	alle Fleischsorten Kochschinken Rohschinken Speck Trockenfleisch		verarbeitete Fleischprodukte, z. B. Wurstwaren, Chorizo
Fisch	alle Fischarten Crevetten Miesmuscheln Sardinen, in Öl konserviert		verarbeitete Fischprodukte, z. B. Fisch mit Kräuterkruste
Fleischersatz	Tempeh Tofu natur (feste Konsistenz)		Seidentofu (weich, cremig) Sojaprotein TVP
Getreide, Stärkebeilage, Brot, Snacks	Reis, ganz Reiscracker Reisflakes Reisflocken Reiskleie Reismehl Reisteigwaren Reiswaffeln Maisflakes Maismehl Maisstärke Maiswaffeln Polenta-/Bramatagrieß Popcorn natur Hirse, ganz Hirseflocken Hirsemehl Hafer, ganz Haferflocken Haferkleie Quinoa, ganz Quinoaflakes Quinoamehl Quinoateigwaren Buchweizenflocken Buchweizenmehl Buchweizenteigwaren	Buchweizen, ganz Dinkel, Urdinkel Dinkelcracker Dinkelmehl Dinkelteigwaren Sauerteigbrot aus Dinkelmehl Sauerteigbrot aus Hafermehl Maisbrot Maisteigwaren Reis, gepufft Cornflakes weitere stärkehaltige Lebens- mittel: Süßkartoffeln	Couscous (Hartweizen) Weizen, ganz Weizenbrot Weizencracker Weizenkleie Weizenmehl Weizenteigwaren Weizenzwieback Einkornmehl Emmermehl Bulgur Gerste, ganz Gerstenflocken Gerstenmehl Roggen, ganz Roggenbrot Roggenknäckebrot Roggenmehl Roggensauerteigbrot Amarant, gepufft Amarantmehl

Lebensmittel	Geringer FODMAP-Gehalt	Mittlerer FODMAP-Gehalt	Hoher FODMAP-Gehalt
	Teffmehl Sorghummehl weitere stärkehaltige Lebens- mittel: Esskastanien/Maronen Kartoffeln Kartoffelstärke/-mehl		

Hülsenfrüchte	Busch- oder Stangenbohnen,
	  grün
	
	Glasnudeln (aus Mungo-
	  bohnen)
	
	Edamame
	Sojasprossen
		Linsen aus der Dose
		Kichererbsen aus der
		  Dose
			Azukibohnen
			Bohnen, rot, weiß und
			  schwarz
			Kidneybohnen
			Limabohnen
			
			Kichererbsen
			
			Linsen, rot
			
			Sojabohnen
			Sojamehl
			
			Erbsen
			Kefen (Zuckerschoten)

Nüsse, Kerne, Samen	Baumnüsse (Walnüsse) Erdnüsse Macadamia Paranüsse Pekannüsse Kürbiskerne Pinienkerne Sonnenblumenkerne Chiasamen Flohsamenschalen Mohnsamen Sesamsamen Erdmandeln (Tigernüsse)	Haselnüsse Mandeln Kokosnuss, geraspelt Leinsamen	Cashewnüsse Pistazien Kokosnussmehl
Fette und Öle	alle Pflanzenöle Bratbutter/Butterschmalz Butter Ghee Kokosöl/Kokosfett		

Lebensmittel	Geringer FODMAP-Gehalt	Mittlerer FODMAP-Gehalt	Hoher FODMAP-Gehalt
Bindemittel, Backtriebmittel	Kartoffelstärke/-mehl Maisstärke Agar-Agar Backpulver Hefe		

Kräuter, Gewürze, Würzmittel, Eingelegtes	Frühlingszwiebeln, grüner Teil
	
	alle Gewürze
	alle Kräuter, frisch und
	  getrocknet
	
	Chilischote, rot und grün
	Ingwer
	Zitronengras
	
	Austernsauce
	Fischsauce
	Ketchup
	Miso
	Senf
	Sojasauce
	
	Essiggurken, eingelegt
	Jalapeño, eingelegt
	Kapern, eingelegt
	Maiskölbchen, eingelegt
	
	Meerrettich
	Oliven
	Wasabipulver
		Balsamico-Essig
		
		Tomaten, getrocknet
			Frühlingszwiebel, weißer Teil
			Knoblauch
			Schalotten
			Zwiebeln
			
			Gewürzmischungen und
			Marinaden (mit Knoblauch,
			Schalotten, Zwiebeln, Trocken-
			pilzen)
			
			Gemüsebrühe (mit Knoblauch,
			  Zwiebeln)
			
			Wasabipaste

Zucker, Süßungsmittel, Süßstoffe	Kandiszucker
	Palmzucker
	Puderzucker
	Traubenzucker (Glukose)
	Zucker, Roh- und Rohrzucker
	
	Ahornsirup
	Reissirup
	
	Alle Süßstoffe wie z. B.
	  Aspartam, Saccharin,
	  Cyclamat, Acesulfam
	
	Stevia
			Fruchtzucker (Fruktose)
			
			Agavensirup/-nektar
			Apfel-, Birnendicksaft
			
			Kokosblütenzucker/-sirup
			Maissirup
			Melasse
			
			Honig
			
			Isomalt E953
			Maltit E965
			Mannit E421
			Sorbit E420
			Xylit E967

Lebensmittel	Geringer FODMAP-Gehalt	Mittlerer FODMAP-Gehalt	Hoher FODMAP-Gehalt
Brotaufstrich	Konfitüre mit geeigneten Früchten, z. B. Erdbeeren	Konfitüre mit ungeeigneten Früchten	Honig
	Erdnussbutter		
Desserts	Schokolade, dunkel Schokoladenpulver Sorbet aus geeigneten Früchten	Milchschokolade	Milch- und Rahmglace (-eis)
Getränke	Trinkwasser/Mineralwasser		Kokoswasser
	Grüntee Kräutertee, z. B. Pfefferminz- Rooibos Tee weißer Tee		Fruchtsaft Fencheltee Kamillentee Kombucha Tee Oolong Tee
	Instantkaffee, schwarz Kaffee, mit (laktosefreier) Milch Kaffee, schwarz		Schwarztee und Chai-Tee, lange gezogen Getreidekaffee
Alkohol	Bier Schaumwein Wein, rot und weiß		Dessertwein Rum
	Gin Whiskey Wodka		
Kaugummi, Bonbons	Gezuckerte Kaugummis/Bonbons		Zahnschonende Kaugummis/Bonbons

Angaben adaptiert und in Anlehnung an die Monash FODMAP App, Version 3.0.9, Stand Mai 2023

Lebensmitteltabelle A bis Z

🔍 Diese Produkte können FODMAPs enthalten.
Prüfen Sie die Zutatenliste.

A Agar-Agar
Agavensirup/-nektar
Ahornsirup
Alfalfasprossen
Amarant, gepufft
Amarantmehl
Ananas, frisch
Ananas, getrocknet
Apfel
Apfeldicksaft
Aprikose
Artischocke
Artischockenherz aus der Dose
Aubergine
Austernpilz
Austernsauce
Avocado
Azukibohnen

B Backpulver
Balsamico-Essig
Bambussprossen
Banane (gelb, fest)
Banane (gesprenkelt, weich, reif)
Banane, getrocknet
Basilikum
Baumnüsse (Walnüsse)
Bier
Birne
Birnendicksaft
Blattsalate (Eisberg, Endivie, Kopfsalat, Lollo)
Blumenkohl
Bohnen, grüne
Bohnen, rote, schwarze, weiße

Bohnen: Azuki-, Kidney-, Lima-
Bramatagrieß (Mais)
Brattbutter/Butterschmalz
Brokkoli
Brombeere
Brot, glutenfrei 🔍
Brot, Sauerteig aus Dinkelmehl
Brot, Sauerteig aus Hafermehl
Brot, Weizen
Buchweizen, ganz
Buchweizenflocken
Buchweizenmehl
Buchweizenteigwaren
Bulgur
Butter
Buttermilch

C Cashewnüsse
Champignon, frisch
Champignon, konserviert in Dose
Chiasamen
Chicorée/Brüsseler
Chilischote, rot und grün
Chinakohl
Clementine
Cornflakes 🔍
Couscous aus Weizen
Cranberry, getrocknet
Cranberrysaft
Crevetten

D Dattel
Dessertwein
Dill

Dinkel, Urdinkel
Dinkelcracker
Dinkelmehl
Dinkelteigwaren
Drachenfrucht

E Edamame
Eier
Einkornmehl
Emmermehl
Erbsen
Erdbeere
Erdmandeln (Tigernüsse)
Erdnussbutter
Erdnüsse
Essiggurken
Esskastanien/Maronen
Estragon

F Federkohl
Feige
Fenchel
Fencheltee
Feta
Fisch, alle Sorten
Fischprodukte (z. B. mit Kräuterkruste)
Fischsauce
Fleisch, alle Sorten
Fleischprodukte, verarbeitet (z. B. Wurstwaren, Chorizo)
Flohsamenschalen
Frischkäse
Fruchtsaft
Fruchtzucker/Fruktose

Frühlingswiebel, grüner Teil
Frühlingszwiebel, weißer Teil

G Gemüsebrühe (mit Knoblauch, Zwiebeln)
Gerste, ganz
Gerstenflocken
Gerstenmehl
Getreidekaffee
Gewürze, alle
Gewürzmischungen, mit Knoblauch, Zwiebeln und/oder Trockenpilzen
Ghee (geklärte Butter)
Glace (Eis), aus Milch und Rahm (Sahne)
Glasnudeln (aus Mungobohnen)
Gojibeeren, getrocknet
Granatapfel
Grapefruit
Grüntee
Gurke

H Hafer
Haferdrink
Haferflocken
Haferkleie
Hafersauerteigbrot
Halbhartkäse
Hanfsamen
Hartkäse
Haselnüsse
Hefe
Heidelbeere
Himbeere
Hirse, ganz
Hirseflocken

Hirsemehl
Honig

I Ingwer
Isomalt E953

J Jalapeño, eingelegt
Joghurt
Joghurt, laktosefrei

K Kaffee auf Getreidebasis
Kaffee, schwarz
Kakaopulver
Kaki
Kaktusfeigen
Kamillentee
Kamut (Khorosan)
Kandiszucker
Kapern, eingelegt
Karotte
Kartoffeln
Kartoffelstärke/-mehl
Kaugummi/Bonbons gezuckert 🔍
Kaugummi/Bonbons, zahnschonend
Kefen/Zuckerschoten
Ketchup
Kichererbsen
Kichererbsen, Dose
Kidneybohnen
Kirsche
Kiwi
Knoblauch
Knollensellerie
Kochbananen
Kohl, rot
Kohl, weiß

Kohlrabi
Kokosblütenzucker/-sirup
Kokosjoghurt
Kokosmilch
Kokosnuss, frisch
Kokosnuss, geraspelt
Kokosnussmehl
Kokosöl/Kokosfett
Kokoswasser
Kombucha Tee
Konfitüre mit geeigneten Früchten
Konfitüre mit ungeeigneten Früchten
Koriander
Kräuter, alle
Kräutertee, z. B. Pfefferminz, Rooibos
Krautstiel
Kümmelsamen
Kumquat
Kürbis: Butternuss
Kürbis: Hokkaido, Spaghetti, Patisson
Kürbiskerne

L Lauch, grüner Teil
Lauch, weißer Teil
Leinsamen
Limabohnen
Limette
Limettensaft
Linsen, Dose
Linsen, grüne, rote
Litschi
Lorbeer

M Macadamia
Mais (Polenta)
Maisbrot
Maisflakes
Maiskölbchen, eingelegt
Maismehl
Maissirup
Maisstärke
Maisteigwaren
Maiswaffeln
Maltit E965
Malzextrakt
Mandarine
Mandeldrink
Mandeln
Mango
Mangold
Mannit E421
Margarine
Marinade (mit Knoblauch,
  Zwiebeln, Trockenpilzen)
Maronen (Esskastanien)
Mascarpone
Mascarpone, laktosefrei
Meerrettich
Mehl, Buchweizen
Mehl, Dinkel
Mehl, glutenfrei 🔍
Mehl, Hirse
Mehl, Mais
Mehl, Quinoa
Mehl, Reis
Mehl, Weizen, Emmer, Einkorn
Melasse
Melone: Cantaloupe
Melone: Honigmelone
Miesmuscheln
Milch

Milch, laktosefrei
Milchprodukte, laktosefrei
Milchpulver
Miso
Mohnsamen
Molke
Molkenpulver
Mozzarella
Mozzarella, laktosefrei
Mungobohnensprossen

N Nektarine

O Okraschote
Öl, alle Sorten
Oliven
Oolong Tee
Orange
Oregano

P Pak Choi
Palmzucker
Papaya
Papaya, getrocknet
Paranüsse
Passionsfrucht
Pastinake
Pekannüsse
Peperoni (Paprika), grün
Peperoni (Paprika), rot
Petersilie
Pfefferminze
Pfefferminztee
Pfirsich
Pflanzenöle, alle
Pflaume
Pinienkerne
Pistazien

Polenta (Mais)
Popcorn (natur)
Puderzucker

Q Quark
Quark, laktosefrei
Quinoa, ganz
Quinoaflakes
Quinoamehl
Quinoateigwaren

R Radicchio
Radieschen
Rahm (Sahne)
Rambutan
Rande (Rote Beete)
Reis, ganz
Reis, gepufft
Reiscracker
Reisdrink
Reisflakes
Reisflocken
Reiskleie
Reismehl
Reissirup
Reisteigwaren
Reiswaffeln
Rhabarber
Roggen, ganz
Roggenbrot
Roggenknäckebrot
Roggenmehl
Roggensauerteigbrot
Rohrzucker
Rohzucker
Rooibos Tee
Rosenkohl
Rosinen

Rosmarin
Rucola
Rum

S Sahne (Rahm)
Sahne (Rahm), laktosefrei
Salbei
Sardinen, in Öl konserviert
Sauerkraut
Sauerteigbrot aus Dinkelmehl
Sauerteigbrot aus Hafermehl
Schalotten
Schinken, Koch-, Rohschinken
Schnittlauch
Schokolade mit Milch
Schokolade, dunkel
Schokoladenpulver
Seetangblätter (Nori)
Seidentofu (weich, cremig)
Senf 🔍
Sesam
Shiitake Pilz
Sojabohnen
Sojadrink (aus Sojaprotein)
Sojadrink, aus ganzer Bohne
Sojamehl
Sojaprotein TVP
Sojasauce
Sojasprossen
Sonnenblumenkerne
Sorbit E420
Sorghummehl
Spargel
Speck
Spinat

Spirituosen (Gin, Whiskey, Wodka)
Stangensellerie
Steckrübe
Steinpilz
Sternfrucht
Stevia
Sucralose
Süßkartoffel
Süßmais (Maiskolben), frisch
Süßmais aus der Dose
Süßstoffe wie z. B. Aspartam, Saccharin, Cyclamat, Acesulfam

T Tahin (Sesammus)
Tee, Kamille, Fenchel, Oolong, Kombucha
Tee, Pfefferminz-, Grüntee, Roiboos, weißer Tee
Tee, Schwarz- und Chai Tee, lange gezogen
Teffmehl
Teigwaren, Dinkel
Teigwaren, glutenfrei 🔍
Teigwaren, Quinoa
Teigwaren, Weizen
Tempeh
Thymian
Tofu natur (feste Konsistenz)
Tomate, frisch
Tomate, getrocknet
Tomate, konserviert
Topinambur
Traube
Traubenzucker (Glukose)
Trink-/Mineralwasser
Trockenfleisch

V Vanilleschote/Vanillezucker

W Walnüsse (Baumnüsse)
Wasabi, Paste
Wasabi, Pulver
Wassermelone
Weichkäse
Wein, Dessert-
Wein, rot und weiß
Weißer Tee
Weizen, ganz
Weizenbrot
Weizencracker
Weizenkleie
Weizenmehl
Weizenteigwaren
Weizenzwieback
Wirz (Wirsing)

X Xylit E967

Z Ziger/Zieger (Frisch-, Molkekäse)
Zimtstange
Zitrone
Zitronengras
Zitronensaft
Zucchini
Zucker
Zuckerschoten (Kefen)
Zwetschge
Zwieback, Weizen
Zwiebeln

Angaben adaptiert und in Anlehnung an die Monash FODMAP App, Version 3.0.9, Stand Mai 2023

Adressen

Bei der Umsetzung des FODMAP-Konzepts ist eine Beratung durch eine qualifizierte Ernährungsfachperson empfehlenswert. In der Schweiz kommen die Krankenversicherer für die Kosten auf, sofern eine ärztliche Verordnung vorliegt. Die gesetzlichen Krankenkassen in Österreich sehen keine Rückerstattung des Honorars für Diät- und Ernährungsberatungen vor, dagegen erfolgt bei einer privaten Zusatz-Krankenversicherung die Kostenübernahme nach Prüfung im Einzelfall. In Deutschland werden die Kosten der ärztlich verordneten Ernährungsberatung teilweise von den Krankenkassen übernommen.

Anerkannte Ernährungsfachpersonen in Ernährung und Diätetik sind in der Schweiz die Ernährungsberater SVDE, in Österreich die Diätologen, in Deutschland die staatlich anerkannten Diätassistentinnen und vergleichbar qualifizierte Ökotrophologen/Ernährungswissenschaftlerinnen.

Schweizer Verband der Ernährungsberater/innen SVDE
www.svde-asdd.ch

Verband der Diätologen Österreich
www.diaetologen.at

Verband der Diätassistenten Deutschland VDD
www.vdd.de

BerufsVerband Oecothrophologie e.V. (VDOE)
www.vdoe.de

Allgemeine Informationen für ausgewogene Ernährung

Schweizer Gesellschaft für Ernährung
www.sge-ssn.ch

Österreichische Gesellschaft für Ernährung
www.oege.at

Deutsche Gesellschaft für Ernährung
www.dge.de

Informationen zum Reizdarm-Syndrom

Magen-Darm-Liga Schweiz
www.magendarmliga.ch

Deutsche Reizdarmselbsthilfe e. V.
www.reizdarmselbsthilfe.de

Informationen zum FODMAP-Konzept

Monash University FODMAP Diet App
(für Apple und Android)
Deutsch und Englisch (einmalig kostenpflichtig)

Blog der Monash University (nur Englisch)
www.monashfodmap.com/blog

REZEPTVERZEICHNIS

Die Autorinnen

Carine Buhmann
Dipl. Gesundheitsberaterin für Ernährung, Dozentin,
Food-Journalistin und Autorin zahlreicher erfolg-
reicher Koch- und Ernährungsbücher. Vorträge,
Schulungen, Weiterbildungs- und Praxiskurse für
Fachleute und Ernährungsinteressierte. Expertin
für Zöliakie und FODMAP.

www.fodmap-konzept.ch
www.carinebuhmann.ch

Caroline Kiss
Studium der Ernährung und Diätetik mit Doktorat.
Ernährungstherapeutische Beratung und Tätigkeit
in Aus- und Weiterbildung für Fachpersonen. Leiterin
Klinische Ernährung Universitäre Altersmedizin
FELIX PLATTER Basel.

5., überarbeitete und aktualisierte Auflage, 2023

© 2016
AT Verlag AG, Aarau und München
Lektorat: Asta Machat, München
Fotos: Claudia Albisser Hund, Mantry, Frankreich, www.albisserhund.com
Sachillustrationen: Angelika Kramer, Stuttgart,
 www.grafikkramer.de
Grafische Gestaltung und Satz: AT Verlag, Aarau
Druck und Bindearbeiten: Printer Trento, Trento
Printed in Italy

ISBN 978-3-03800-909-2

www.at-verlag.ch

Der AT Verlag wird vom Bundesamt für Kultur für die Jahre
2021–2024 unterstützt.

Ebenfalls von Carine Buhmann sind im AT Verlag erschienen:

Glutenfrei kochen und backen

Der Besteller zu Zöliakie und ein unentbehrlicher Ratgeber für die gluten- und weizenfreie Küche. Das Buch informiert praxisnah über Zöliakie und gibt viele hilfreiche Ernährungstipps. Eine ausführliche Warenkunde mit wertvollen Übersichtstabellen hilft beim Einkauf glutenfreier Produkte. Zahlreiche Koch- und Backtipps erleichtern die Umsetzung im Alltag. Dass Genuss trotz Zöliakie möglich ist, beweisen über 150 köstliche und gelingsichere Rezepte ohne Gluten.

Die FODMAP-Küche bei Reizdarm

Darmprobleme sind weit verbreitet: Etwa jede siebte Person leidet an Verdauungsbeschwerden, Blähbauch und Bauchschmerzen. Besonders Menschen mit Reizdarmsyndrom können empfindlich auf FODMAPs reagieren. Das sind bestimmte Zuckerarten, die in vielen Lebensmitten enthalten sind.

Doch es gibt eine erfolgreiche Methode, um Darmbeschwerden in den Griff zu bekommen: das wissenschaftlich geprüfte FODMAP-Konzept. Die Autorin liefert Wissenswertes zur Krankheit Reizdarm und informiert leicht verständlich über die FODMAPs und das 3-Stufen-Programm. Sie zeigt, wie Betroffene ausgewogen, darmverträglich und trotzdem genussvoll essen können. 130 einfache und erprobte Rezepte für jeden Tag werden ergänzt mit Tipps und Varianten sowie Infoboxen zu ausgewählten Lebensmitteln. Übersichtliche Tabellen und Lebensmittellisten von A bis Z erleichtern den Einstieg in die FODMAP-Küche. Ein hilfreicher Ratgeber bei Reizdarm und ein praxistaugliches Kochbuch für ein gutes Bauchgefühl!